「愛されて当然」と思うだけで、自分史上最高の彼がやってくる。

マリアージュカウンセラー
斎藤芳乃

大和出版

はじめに

その制限が外れたら、あなたにも奇跡は起きる

本来、あなたは今この瞬間、愛されて当然の女性です。

けれど、もしも今、そういう現実になっていなかったとしたら……。

あなたの潜在意識の中に、「今すぐ私は愛されていい」と思えない心の制限＝メンタルブロックがあるのかもしれません。

メンタルブロックとは、「どうせ私は〇〇〇だから、恋愛ができない」と無意識に持ってしまっている思い込みのことです。この思い込みは、「私はもう40歳を過ぎたから、きっと幸せな恋愛はできないだろう」という分かりやすいものから、「何度がんばっても私は好きな人と両思いになれない」という、どうしてそんなふうに思ってしまうのか理解しにくいものまでさまざまです。

「なぜいつも同じような、自分を不幸にするダメな男性ばかり好きになってしまうの？（そういう人ばかりに好かれてしまうの？）」

「つき合うことはつき合えるんだけど……でもいつもプロポーズされない」

「気づけばいつも我慢する恋愛ばかり」
「いつも片思いばかり」
「どうしてどうでもいい人にばかり好かれるの？」
など、もしもあなたがいつもうまくいかない恋愛に悩んでいるのならば、このメンタルブロックに原因があります。

今まで私は、主宰するマリアージュスクール（幸せな結婚を手に入れたい女性のための学校）の講師として、たくさんの女性が、こうしたメンタルブロックによって苦しんでいる姿を見てきました。しかし、彼女たちは、その制限を外したことで、年齢・容姿・学歴・経歴などまったく関係なく、「奇跡」と呼ばれるような劇的な大逆転を起こしてきたのです。

一度結婚を断ってきた彼が自分を愛してくれるようになり、今ではその彼と結婚し、一軒家を買って二人の子供たちを育てている方。彼女は男勝りに働くことをやめ、「もっと女として幸せになっていい」と制限を外したことで、結婚を手に入れました。

14年間の苦しい結婚生活を経て離婚後、最高に自分を大切にしてくれるパートナーにめぐり合い、42歳で念願の男の子を出産なさった方。彼女は「自分には価値がない、大切に扱われるはずがない」という制限を外したことで、誰よりも大切にしてくれる男性にめぐり合い、幸せな家庭を築いています。

ＤＶなどを原因とした苦しい2度の離婚を経て、最高にやさしくしてくれる経営者の彼に見初められ再婚した43歳の女性。彼女は「女性は男性の犠牲になるものだ」という制限を外したからこそ、素晴らしい彼にめぐり合うことができました。

みなさん口々に「私がまさかこんな、あり得ない奇跡を起こせるなんて思ってもいなかった」と言ってくれます。今まで「愛されないのが当然」だと思い込んでいた現実が、制限を外すことによって、「今まで経験したことがないような幸せ」へと劇的に変化したからです。けれども、実はこれらは「あり得ないこと」ではありません。

なぜなら、奇跡の正体は、「自分には絶対に起きない」という制限を外した結果、「あり得ないと思っていたような幸せが自然に起きた」ということだからです。

つまり、こうした奇跡は選ばれた人にだけ起こるものではなく、あなたの中に存在する「私は○○だから幸せになれない」という無意識の思い込みに気づき、望む幸せを自分に許可してあげるだけで、あなたにも起こせるのです。

美しいウェディングドレスを着て、愛する人とヴァージンロードを歩いているあなた。

その奇跡は、もう目の前まで来ています。

この本では、あなたにかけられたメンタルブロックを外し、あなたが愛されて当然だと思えるようになるための、「自分をがんじがらめの不幸から救う方法」と、「自分に幸せを許可する方法」の両方を記してあります。

自分にかけられた「制限という名の呪い」の正体を知り、「私は本当は愛される価値があったんだ」と気づき、愛されて当然の自分をイメージしていく……。これだけで、とても簡単に、あなたが家族との間でも得られなかったような心震えるような愛を手にすることができます。

今まであなたがどんな過去を経験していたとしても、どんなに孤独だったとしても、子供がいても、離婚を経験していても、あるいはまったく誰かとおつき合いしたことがなかったとしても、話し下手でも、不器用でも、おしゃれではなくても、今まで酷い男性としか縁がなかったとしても、まったく関係なく、「あなたは今この瞬間愛される」。

潜在意識の素晴らしさは、無限の可能性を秘めていて、過去に関係なくこれからの未来を「今すぐに」変化させることができるというところにあります。

ぜひ、この奇跡を体験してみてください。

彼女たちのように最高に愛され大切にされるという経験――それを手に入れる一歩を、一緒に踏み出しましょう。

斎藤芳乃

CONTENTS

第1章 愛されない私から今すぐ卒業する「自己価値の魔法」

第2章 いつでも素晴らしい愛を受け取れる「許可の魔法」

第3章 もっと会いたい！と彼に思わせる「女性性の魔法」

第4章 男性と愛し合う私になれる「超引き寄せの魔法」

本文デザイン＊白畠かおり

プロローグ

一瞬で人生が変わる、
潜在意識の
不思議な魔法

ただ「許可するだけ」でいい

「もう本当に人生が終わったと思っていたんです」

今でこそ、２度の離婚を乗り越え、経営者のやさしくて素敵な旦那様と幸せな結婚生活を送っていらっしゃるアラフィフのM様ですが、初めてお会いしたとき、彼女は人生の絶望のさなかにいました。

それも当然かもしれません。「私はもう50だし、結婚なんて」「美魔女でもなんでもないし」「人に誇れるような仕事をしてないし」などと、幸せになれない理由がたくさんあったからです。

こうした「私は○○だから幸せになれない」という思考パターンは、心理学的には「制限・禁止」（＝メンタルブロック）と呼ばれています。

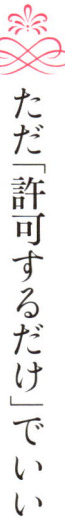

事実、50歳で離婚歴があったとしても、結婚できないことはありません。しかし、本人が「私は50歳だから結婚できないに決まっている」と強く思い込んでいると、

＊自分の魅力が表現できなくなり、ネガティブな側面ばかり他人に見せてしまう
＊どうせ……と思い込むことで、自分から心を閉ざし、それが他人に伝わってしまう
＊イヤな意見だけを「当然だ」と思ってしまって、それをあえて受け入れて落ち込む
＊潜在意識が愛されることを最初から諦めているため、無意識に愛してくれる人を遠ざけたり、愛されるチャンスをわざわざ逃す

などの現実を引き起こします。

「50歳だから結婚できない」という思い込みと現実のつじつまを自分で合わせようとしてしまうのです。

多くの女性がこのM様のように、「心の奥深く（＝潜在意識）にかけられた制限」を元に「幸せな恋愛ができない現実」を引き寄せています。

幸せな恋愛ができないのは「努力が足りないから」ではありません。

ましてや、「あなたに価値がないから」でもありません。

単に潜在意識にこうした「制限」や「禁止」がたくさん存在しているため、初めから自分が幸せになることを諦め、拒絶してしまっているだけなのです。

そして、これらの制限をもってしまう理由は、とても悲しいことですが、100％あなたのせいではありません。

＊「何も悪いことはしていない」のに、否定したり、ダメ出しをする人がいた

こんなふうに、一方的な価値観を押しつけられ、その結果、「ああ、私はダメなんだな」「ああ、私は幸せになれっこないんだな」と心が疲れ果て、いつのまにかその制限を自ら受け入れてしまう……。

私たちが幸せになれない影には、悲しい経験から生まれた辛い感情があるのです。

特に、生まれてはじめて接した両親が、がんばってもほめてくれない、どんなに愛して

も厳しくて、なかなか愛してくれない……ということがあると、両親に対して「失恋」と同じような心の痛みを味わいます。そしてこの心の痛みが癒されないと、胸が張り裂けるような現実をくり返してしまうのです。

クライアントM様も、子供時代から母親が我慢し続ける場面を見てきたり、家族からの厳しい否定を受けることによって、

「女性は尽くさなければならないものなんだ」

「私はダメだから、こんなふうに人に奉仕しなければならないんだ」

「私には何もないんだ、だから普通の人のように幸せになれない」


と思い込まされ、その結果、自分を愛してくれない男性と二度離婚しました。

けれど、自分の中の「制限と禁止」に気づいたことで、嗚咽するほど涙を流されたのです。そして、制限に惑わされない自分の本当の願望を聴けるようになりました。


「もう、私はこうした人たちにつくり上げられた制限の中で生きていたくない」

「もっと私は私のやさしさを理解してくれる人と出会っていきたい」

「本当は私にもいいところがある。私は自分のことを好きでいたい」

「私は、私のことを年齢や容姿だけで判断しない人と関わりたい」

すると、その本当の心の声に呼応するかのように、たまたま友人に連れていかれた飲み会で、今までとは180度違う、自分を大切にしてくれる、そして人の想いや心を大切に生きている誠実な男性が現れました。M様は彼から見初められ、愛されるようになったのです。

そんな魔法のようなこと……と思うかもしれませんね。でも、M様は何か特別な努力をしたわけではありません。

自分の心の中の「さまざまな制限」に気づき、心の痛みを癒し、自分に対して「もっと自由で幸せでいい」と許しただけで、向こうから自分を幸せにしてくれる、自分に価値を感じてくれる男性がやってきたのです。

なぜこうしたことが起こるのでしょうか。
それは、私たちの潜在意識が鍵になっています。

潜在意識とは、私たちが普段使っていない深層心理のこと。それは「私たちの記憶」でできています。潜在意識には、「過去に他人からされたこと」や「過去に人から教えられたこと」「自分が意識していなくても見聞きしたこと」「どんなに愛しても愛されなかったた経験」など、膨大な情報が記憶されています。

たとえば、「親から言われたネガティブな言葉」「他人が自分に対してとったイヤな態度」「がんばってもほめてもらえない」といった直接自分に対してされたことや、「親自身の不幸な生き方」「マスコミやメディアの片寄った広告」といった日々目に入る情報、これらは気づかない内にあなたの潜在意識にするっと入り込みます。こうしてネガティブな意見にさらされ、否定される痛みがくり返されると、潜在意識は「愛されないのが当然」になってしまうのです。

もしも、今あなたが不幸で苦しんでいるとしたら、M様の「制限や禁止」のような愛への思い込みや、癒されていないマイナス感情がたくさんあるのかもしれません。

だからこそ幸せになるためには、自分を磨いたり認められる努力をするよりも、潜在意識を「不幸にする情報」から助け出し、「幸せが叶う状態にしてあげること」が重要なのです。

ポイント：鍵になるのは、潜在意識とマイナス感情の癒し

幸せの邪魔をする「潜在意識の情報」

それでは、私たちの幸せな恋愛を邪魔する「潜在意識の情報」には、実際にどんなものがあるのでしょうか？

＊「ちゃんとしなければならない」という義務感

例）「私は楽をしてはいけない」「ふわふわと幸せになることは、怠惰になるし、だらしない」「しっかりした長女でいなければ」「他人の面倒を見なければ」

＊「自己否定」による無価値感

例）「私は綺麗ではないから選ばれるはずがない」「私はとくに取り柄のない女性だから幸せになれるはずがない」

＊「過去こんなことをした自分は幸せになれない」という罪悪感

例）「私は過去に人を裏切ってしまった」「私は過去に誰かを喜ばせることができなかったから、幸せになる資格がない」

＊「周りの人以上に幸せになってはいけない」という制限

例）「お母さんだって苦労したのだから、私だけが幸せになってはいけない」「周囲の人はみんながんばっているのだから、自分だけが楽をしてはいけない」

＊「幸せになる可能性」に対する積極的な諦め

例）「今時、幸せな恋愛なんて誰もできっこない」「願ったってどうせ叶うことはない」「こんな時代だから仕方ない」「養ってくれる人なんていない」「いい男はいない」

＊「自由・幸せな状態」に対する情報不足

例）「家族全員苦しんでいたので、楽に生きる感覚が分からない」「愛情あふれたやりとりを見たことがない」「みんな我慢しているので、自分もしなければ」

私たちの潜在意識の中にこうした情報が存在している場合、私たちはこれらに引きずられてしまいます。「モテるために雑誌などを見て、おしゃれを研究して可愛い洋服を着た」としても、潜在意識の中で「どうせ私なんて何をしても可愛くない」と思っていれば、可愛い服を着ているにもかかわらず、誰からもほめられないし、男性からも声をかけられないということが起きます。

「いつもできるだけ人にやさしく丁寧に接して、にこにこ感じよくしている」にもかかわらず、潜在意識が「私は過去に○○ちゃんをいじめたことがあるから、幸せになる資格なんてないよね」と罪悪感を抱えていたとしたら、「いつも他人から無視されたり仕事を押しつけられたりする」という現実が引き寄せられてしまうのです。

このように、私たちの目の前に現れる現実は、意識している自分（この場合、やさしく丁寧に人と接する感じのよい自分）とはまったく異なっています。だからこそ、できるだけ早く「潜在意識の中の本当の自分」に気づいてあげる必要があります。

ポイント：「潜在意識の自分」が現実化する

制限は気づき、許し、イメージするだけで外れていく

では、こうした潜在意識の情報をどうすれば変えていけるのでしょうか？
潜在意識の情報は、必ず「周囲との関係性」の中でできあがります。

＊（直接的なメッセージの植えつけ）母親から否定されたことで、楽に生きてはいけないと思い込むようになった

＊（無意識の情報の受け取り）テレビや雑誌から否定的な情報が流れてくるので、その情報だけをリフレインし、自分でも自分を否定するようになった

＊（知らないことによる自責）誰も失敗した自分を許してくれなかったので、いつまでも自分を許すということを学ぶことができず、「私は悪い人間なんだ」と責めるようになってしまった

＊（周囲が不幸だった）母親が父親に怒鳴られても我慢していたので、そういうものなの

だと思い込んでしまった

＊（親への失恋）どんなにがんばって親を愛しても、愛情を返してくれることがなかった

こうした周囲からの影響によって、私たちはいつのまにか、不幸になる・不幸を受け入れる潜在意識の状態になってしまっているのです。そしてこれは、自分で気づいて潜在意識の情報を書き換えない限り、変わることはありません（それゆえに、がんばってもがんばっても幸せになれない……ということが起きるんですね）。

けれど、私たちの潜在意識の中にあるこうした「恋愛できない原因」は、たった4つのことをしてあげるだけで、あっという間に消えていきます。これが【制限を外すための基本ステップ】です。

ステップ1　まずは、制限による苦しみを感じて、解放してあげる

本当は幸せになりたいのに、与えられた制限があったことで、幸せになることができなかった。本当はもっと◯◯したかったのに……。それはとても辛いことです。まずは「今まで苦しかったね」と共感し、その痛みと苦しみをたっぷりと感じてあげてください。

ステップ2　自分が自由になってもいいと許可する

そして、自分に対して「もう今までのように生きなくていいんだよ」「もうその人たちの言いなりにならなくていいんだよ」と伝えてあげましょう。制限とは支配です。あなたは自由になりたがっています。その許可を自分で自分に出してあげましょう。このとき今まで緊張し、こわばっていたあなたが、「もういいんだ」と体全体で安心感を得られるくらいまで、何度もなぐさめるように言い聞かせてあげましょう。

ステップ3　今まで経験したことのない、幸せな可能性を受け入れる

自分を許した後は、あなたは自由に「あなたが望む未来」を選ぶことができます。「こうなったら幸せだ」「こうしたかった！」ということを、充分に考えてみてください。「ああ、本当はもっと自分の人生には別の可能性があったんだ！」と受け入れることができれば、その瞬間、潜在意識の情報は書き換わります。

ステップ4　幸せな自分を具体的にイメージする

新しい可能性を見つけることができたら、その新しい可能性を生きている自分を、その未来の自分になり切って具体的にイメージしてあげること――こうすることで、このイ

メージそのものが、私たちの潜在意識に「こんな新しい生き方をして本当はよかったんだよ」と教えることになるんですね。私たちの潜在意識は、「自分がイメージできたこと」を叶えてくれるようにできているのです。

大切なことは苦しい感情を癒し、今までの緊張から自分を解放してあげること。潜在意識は体とつながっていますから、安心してリラックスできればできるほど、幸せに近づくことができます。

過去のしがらみに気づき、「もうこだわらなくていいよ」と自分にやさしく伝えてあげる。そして、何よりもあなた自身が自由に「本当に生きたい幸せな恋愛」をイメージすることを許してあげる。こうすることで、今まで小さな檻の中で苦しんでいたあなたという小鳥は、自由に大空を羽ばたくことができるのです。

ポイント：潜在意識を「幸せなイメージ」で書き換える

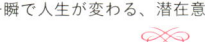

「苦しかった私」のために泣いてあげる

制限を外すためには、まず始めに必ず「制限をかけられて苦しかった」自分の辛さを癒してあげることが大切です。なぜなら、私たちの制限は、その制限を与えられたときの深いショックや悲しみといったネガティブな感情とセットになっているからです。

「今までこんなに苦しかった」という自分の心残り、我慢した苦しみ、制限をかけられていることによって羨ましがりながらも他人を嫉妬するしかなかった惨めさ、がんばっても愛が返ってこなかったさみしさ……これらの感情を100％手放しで感じてあげてみてください。きっと、今まで幸せになれず、苦しかったことでしょう。

どんなにもがいても、現実を改善することができなかった。自由にしたかったけれど、でもできなかった。もっとやりたいことがあったのに。もっともっと私はほめられて生きていたかったのに。愛されたかった。やさしくしてもらいたかった。でも、そうしてもらえなかった。

こうした積み重ねで、私は私が幸せになれないと諦めてしまったんだ……。そしてまだ、その制限をかけた相手に支配されて怯えているんだね。

こんなふうに、今までの苦しみをたっぷりと感じてあげます。

その上で、こう言ってあげましょう。

「でも、本当は諦めたくなかったね。幸せになりたかったね。自由でいたいし、やりたいこともしたいね。じゃあ、これからどうしていきたいか、一緒に考えていこうね」

たったこれだけのことですが、あなたがこんなふうに自分に伝えてあげることで、潜在意識は、「幸せを無意識に諦め」「幸せになれないと思い込み」「それでも必死にがんばって疲れ切ってしまった」ことをようやく理解してもらえたと、安心することができます。

そして、この安心感が幸せの土台になります。

もう一度、人生をやり直そう。あなたが望む幸せを一緒につかんでいこう。

こう自分に言えたとき、ようやく幸せになるための準備が整うのです。

ポイント：苦しみを感じ、泣き、自分の心を癒す

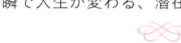

「今まであり得なかったような幸せ」をつかむ方法

幸せになれないときは、潜在意識が「幸せな状態を知らない」ということが起きています。潜在意識は、「自分が見聞きし、記憶したこと」だけを現実化します。つまり、ずっと禁止され、自由のない世界で奴隷のように生きていると、自分が幸せで自由でいられる状態が分からないため、幸せになりたいと願ったとしても、幸せを現実化することができなくなってしまうんですね。そして、こんなふうに「幸せな状態を知らない」と、「自分がよく知っている不幸」ばかりを現実化させてしまうことになります。

こうした状態を改善させるためには、「自分が今まで感じたことのない、憧れていた幸せな状態を、まずは想像してみる」こと。たとえイメージの中であったとしても、「今までの不幸な状態とは違う、幸せな状態」を潜在意識が「知る」ことができれば、潜在意識はそのイメージを現実化できるようになるからです。

では、どんなことをイメージすればいいのか見ていきましょう。

＊自分が楽でいられる状態

今まで充分に苦しかったのですから、もっと楽にしていいのです。じゃあ私の楽ってどんな感じだろう、もっと仕事の量を減らして、もっとリラックスしていて……というように、まずは楽な状態をイメージします。

＊本当にやりたいこと

今までは、やらなければならないことばかり考えてきたかもしれません。けれど、これからは、あなたが本当にやりたいことや、「こうなったらいいな」「自由にできたらいいな」と思うことを制限なくイメージして大丈夫です。

＊「うらやましいな」と思えること

雑誌などを見て、いいなと思えるようなことはどんどん取り入れてみましょう。道を歩いていてキスをしているカップルを見て、「私もそうしたい」と思ったら、それを自分に置き換え、デートしているところ、抱き合っている姿などを積極的にイメージしてみましょう。

これらのイメージは、具体的であればあるほど、「潜在意識が学ぶ」ことができます。

雑誌を見るだけではなく、実際にデートしたい映画館に足を運んでみる。カップルの様子を観察してみるのもいいですね。こうすることで、「幸せになるための情報」が潜在意識にインプット（蓄積《ちくせき》）されます。

また、知っていても「どうせ」と拒絶していることは、強烈に「なかったこと」になってしまいます。たとえば映画を観に行っても、「どうせ私は映画館でデートなんてできないし」と思っていれば、それは「可能性の否定」となり、潜在意識はその現実を引き起こすことはしません。起こらないと思っているあなたに従ってしまうのです。

そんなときは、まずは「ああ、こんなふうに起こらないと強く思わされるくらい、ずっと人生の中で拒絶されてきたんだな……苦しかったね、私」と、「制限をかけられた自分を癒す」という最初の解放のステップに戻ってみてください。

今までイメージすらできなかったことを、「イメージしてあげる」。

これが幸せへの大きな一歩となります。

ポイント：幸せを知らない潜在意識に、まずは「教える」

変化は2週間〜1カ月で現れる

自分自身の制限を外し、どんどん潜在意識を書き換えていくと、それにともなって現実の世界でもあらゆる変化が起きていきます。

早い人では、その日のうちに「元彼から連絡があった」ということもありますし、恋愛以外でも、その日のうちに「一度、不採用になった会社から、改めて採用したいという電話がかかってきた」という方もいらっしゃいました。

それほど、潜在意識が現実を変える力はパワフルなんですね。

ただ、イメージングをした後、「で、具体的にどうすればいいの？」とか、「でも結局がんばらないと叶わない」と考えてしまうと、そのこと自体が制限になります。

イメージして、「私はこう生きていいんだ」と感じ続けることで、耳聞きし、触れる世界が自然に変わっていくのです。

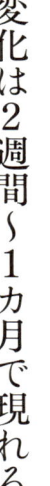

現実が変わるまでの時間に差があるのは、潜在意識の情報は今までの人生分刷り込まれているために膨大な量があり、その量は人によって違うからです。人によって刻みつけられた痛みや苦しみの深さも異なるからなんですね。

ですから、長年、酷いことを言われていたり、その過去を引きずっている場合は、心を癒すまで、何度もくり返し潜在意識に新しい情報をインプットしてあげてください。

もしすぐに現実が変わらなかったとしても、できないことを責めたりせず、「それだけ、今まで抱えてきた痛みが大きかったんだね」「それくらい、周囲から苦しみを感じるようなことを植えつけられてきたんだね」「それだけ、許されてこなかったんだね」と、必ず【制限を外すための基本ステップ1】に戻ってあげてください。

そして、潜在意識を書き換えるときは、まるで幼稚園生に接するかのように、やさしく柔らかく接してあげましょう。

潜在意識は、今までの人生でがんばり続け、自分が望まない情報を植えつけられ、へとへとに疲れ切ってしまっています。だからこそ「できないから怒る」のではなく、「できなくても当然だよ、だって大変だったのだから……」と味方になってあげることで、ようやく潜在意識はあなたに心を開き、あなたの言っていることに耳を傾け、受け入れてくれるようになります。

このとき、変化が起きない場合は、「もっと」を意識してみましょう。

この「もっと」とは、「もっと自分の痛みを感じて癒してあげる」「もっと真剣に自分に言い聞かせる」「もっと集中してイメージしてみる」「もっと体全体でイメージを感じてみる」「もっとイメージする時間を増やしてみる」ということです。

なぜかというと、今まで植えつけられてきたネガティブな情報が多ければ多いほど、「それを上回るような素敵な情報」を何度も教えてあげる必要があるからなんですね。

たとえば、苦しく長い結婚生活を十年以上経て離婚し、たくさんの痛みを抱え、なかなか人生を変えられなかった方がいらっしゃいました。彼女は、こうして緩やかに自分の潜在意識に何度も何度も寄り添ってあげた結果、たった半年で、最高にやさしいパートナー様とめぐり合い、42歳で初めて男の子をご出産なさいました。

苦しみが深いほど、自分が幸せになるような情報を今までもてていなかったということ……だから、時間をかけてあげていい。無理をさせない。駆り立てない。なぜできないのかを理解してあげる。

こうすることで、今までの人生とは180度違う幸せをつかむことができるようになるのです。

このとき、大切なあなたを守るための注意点があります。制限を外して生きるようになると、それを否定する人が出てくる場合があります。今まで制限がある世界で関わってきた「制限があって当然」の人たちにとって、「制限を外して自由に生き始めたあなた」は、和を乱す存在だからです。

その人たちはあなたに対して、また制限をもって生きるように支配しようとします。

「私と同じ制限のある世界に戻りなさい」と呼びかけます。

けれど、もう、その人たちから離れることを選択してください。

その上で、ただ離れるだけではなく、心の中で「あなたも制限を外して幸せになれるといいね」と、そっとやさしい気持ちを置き土産にしてみましょう。実際に伝えてしまうと、制限を外す生き方を受け取れない人もいるため、喧嘩になることがあります。ですので、あなたの生き方がいいなと言ってくれる人にだけ、そっと「実はね……」と、制限の外し方を教えてあげ、あとは「想い」だけを残していきましょう。

離れてすぐはとても淋しく感じるかもしれません。

けれど、そこから離れたとしても大丈夫。

むしろ、制限から離れた場所に、あなたの運命の人は存在しています。

今この瞬間も、その人はあなたと出会うために、がんばってくれています。

「どうせそんな人いない」という制限を捨て、「その人のために生きるあなた」を始めていきましょう。

ポイント：子供を育てるように、自分にやさしく接し、時間をかけてあげる

第 1 章

愛されない私から今すぐ卒業する「自己価値の魔法」

この章でお伝えしたいこと

あなたの潜在意識が、人生に魔法をかける

「潜在意識の中の自分」は、私たちが「普段思っている自分」とは異なります。どんなに頭の中で「自分はがんばった」と思っていても、潜在意識のレベルで「でもまだなまけているよね」と自分を認めなかったとしたら、「やっぱりダメな私」と自己価値は低いままなんですね。そして、実際に頭で考えている「がんばっている自分」ではなく、潜在意識が信じている「やっぱりダメな私」のほうが現実化してしまうんです。

しかし、この潜在意識の自分（やっぱりダメな私）は、単に「思い込み」にすぎません。「極端にネガティブな見方」であったり、「客観的な意見ではなく、過去、たった一人の人が発した心ない一言」だったり。

真実を基にしたものではなく、「切り取った一側面」からつくり上げてしまったものです。だからこそ、こうした潜在意識の「思い込み」も、視点を変えたり、過去を克服するだけで、あっという間に変わっていきます。

クライアントBさんは、とても厳しい家で、ほめられるよりもダメ出しをされながら育てられました。それゆえに、「世間から見たらとても優秀」な成績であったとしても、「こんなんじゃダメだ」とずっと自信をもてずに生きてきてしまったのです。その結果、大人になってからも低い自己評価のまま、素敵な男性とめぐり合うこともできない……。「でも当然だよね、私なんてできの悪い人間だから」そう思い込んできました。

けれど、真実は違ったのです。

真面目にコツコツと努力して仕事をしてきた姿勢は誰からも評価され、実際にBさんのことを信頼してくれる同僚もたくさん存在していました。そして、長年こうしたBさんの姿を見て影ながら支えてくれる男性の友人も存在していたのです。

「実際にダメなのではなく、自分で自分の魅力を過小評価していただけだったんだ」

そのことに気づけたとき、Bさんの自分への評価は180度変わりました。「ダメな自分」ではなく、「一生懸命でけなげな自分」、「男性から相手にされない自分」ではなく、「自分から卑屈になり男性と関わろうとしていなかった自分」だったことに気づいたのです。

Bさんは自分の価値に一瞬で気づき、その結果、みるみるうちに明るく穏やかに変わっていきました。その変化は周囲からも見て分かりやすく、「綺麗になった」「何かあったの?」「素敵だね」と、たった2週間の間にたくさんの人からほめられるようになりました。

こうして潜在意識の「思い込み」を変えてしまうと、今までの「価値のない私」から「本当は愛される価値のある私だったんだ！」とまったく別の自分に生まれ変わることができます。

もう自分を否定することもありません。こうして生まれ変わった自分で接することで、周囲の人との関わりもまったく別のものへと変わってしまうのです。

この魔法のような変化は、まるで呪いを解くように一瞬で起こるんですね。

今まで醜いアヒルだと思い込んでいた自分が、本当は美しい白鳥だった。

そして、その美しい白鳥としての自分に接してくれる人は、今までとは１８０度違う関わり方をしてくれるようになります。

このように、すべては、「自分の潜在意識を変えること」から始まります。

ではまずは自己価値を変えるレッスンから行っていきましょう。

あなたに「最高の愛」がふさわしい理由

あなたは普段、どんな看板を背負って生きていますか？

この看板とは、「自分に対する思い込みのクセ」のことです。

たとえば、どうせ◎◎だから私は愛されないと思っていると、心は「私は◎◎だから愛されない女です」という情報を自分にインプットし続け、常に「私は愛されない女性です」という看板を背負いながら周囲の人と接していくことになります。そして、「◎◎な私は愛されるはずがないし、愛されてはいけない」という頑《かたく》なな状態になるのです。

そしてそんなときほど、いつもいつもネガティブな独り言を言い続けてしまっているんですね。


こんなときは、「私は◎◎な女性だから、恋されてもいい！」というように、自分の幸せを受け入れ、自分に納得させることが大切です。そのために、まずは「ネガティブ」から、「ポジティブ」に独り言を言い換え、「思い込みのクセ」を書き換えてみましょう。

＊私は疲れている同僚に対して配慮し、その同僚を励まし、実際に元気になってもらうことができた。こんなふうに人の味方になることができる心の温かい私は、やさしく愛にあふれた女性だから、恋されてもいい

＊私は人がイヤがるような仕事も今まで進んでやってきて、そして、実際にさまざまな人のサポートをすることができた。こんなにも縁の下の力持ちになって支えることができる私は、結婚生活でも同様に愛する人をサポートできるのだから、恋されてもいい

＊私はいつも人に対してやさしい気持ちで生きてきた。こんなふうに人の痛みを理解し、やさしく寄り添うことができる私は、男性に対しても深い癒しと安心感を与えられる貴重な存在だから、恋されてもいい

このとき、あなたが今までの人生でいかにがんばってきたのか、いかにやさしくふるまってきたのか、その努力をたっぷり思い出してみてください。

「もしその上で、自分が他人にしていることを、他人からしてもらったとしたら、どんなにうれしいか」もイメージしてみましょう。

たとえば、自分は「結果ではなく、相手のがんばりを見て、心からほめ、尊敬することができた」とします。そうしたら、「結果ではなく、常にがんばりを見てくれていて、ほめてもらった」ということを想像してみるんですね。

辛いとき、誰も見てくれないと思っていた……。でも、多くの人が表面上の結果だけで物事を評価するのに、この人はずっと自分の努力を見てくれていた。それだけではなく、その努力の大変さを理解し、「大変だったね、よくがんばったね」と心から涙し、ねぎらってくれた……。

もしもこんな人が隣にいたとしたら、うれしくて胸がいっぱいになり、それだけで報われた気持ちになると思います。でも、それだけ価値のある、愛にあふれた素晴らしいことをしているのが、「あなた」です。

こうしてイメージしてみることで、実際に、自分がしていたことはそれだけ「他人を救っていた」価値のある行動だった……ということを充分に理解できると思います。

このように、ときには冷静に、ときには他人と自分を置き換えながら、「他人に与えられる」自分の良さを味わっていくことで、私たちは心震えるような自分の素晴らしさを実感できるようになります。すると、「だから私は愛されていい、愛される価値がある女性なんだ」と納得でき、愛されていい許可が潜在意識にストンと入っていくんですね。

事実、あなたは今まで本当にたくさんの努力をしてきました。そして、「他人が見ていなかったとしても、やさしくふるまったり、誠実に生きてきたはずです。他人に迷惑をかけず、苦しみをぶつけず、そんなふうにけなげに……。そんなあなたは、もう愛されて、やさしくされて、労《いたわ》られていいのです。今、あなたの愛やあなたの存在が、隣にいる人の支えになり、拠り所となり、救いの涙となる。しっかりとあなたの「愛されていい価値」を受け取っていきましょう。

ワーク：自分の愛と価値を積極的に感じてあげる

「良縁引き寄せ体質」になる方法

「どうしてこんなにがんばっているのに良い人にめぐり合えないの?」

これは、恋愛したい女性にとっては、最大の関心事であり、一番乗り越えたい問題ですよね。実は、この問題にも潜在意識が関係しています。

私たちは、「潜在意識が決めたこと」だけが受け取れるようになっています。

もしも潜在意識が「私はもっと幸せになっていいし、もっと良い人とめぐり合っていい」と思えていたらその通りの縁がやってきます。始めから潜在意識が「最高の幸せ」を諦めてしまっていると、その通りの男性しか引き寄せることができません。

たとえば、素敵な男性が新幹線の隣の席に座ったとします。

その人に話しかけられ、話が弾むと、本来ならばその後「連絡先を交換する」ということになっても不思議ではないんですね。

けれども、あまりにも自己価値が低いと、いざ、こうして自分が憧れるような現実がやってきたときに、「彼はあまりに素敵すぎて今の私とは釣り合わない」と無意識に親しくなることを否定してしまうのです。すると、現実はその通りの結果になります。

本当なら、素敵な男性を見たときに、「ああ、どうせ私なんてダメだな」ではなく、「あんな素敵な男性にエスコートされたい」と思っていいんですね。

声をかけられたり、連絡先を聞かれてもいい。

もっと親密に楽しい会話を続けてもいい。

相手が自分に興味をもってくれていい。

もしもこのとき、「そんなこと言ったって……」と抵抗が生まれたとしたら、自分の価値をきちんと理解せず、自分をネガティブな視点でマイナス査定しているのかもしれません。こうして、「素敵な相手には似合わない」と無意識に諦めていると、自分を幸せにしてくれないような男性と引き合ってしまうのです。

こんなときは、潜在意識が無意識に諦めてしまわないように、しっかりと自己価値を感じながら、「私は最高のパートナーにめぐり合っていい存在なんだ」ということを強く実感していきましょう。そのためにまずは、過去の出来事を具体的に思い出しながら、「ああ、私はこんなにがんばっていたな……」とくり返し感じてあげてください。

私はこんなにもがんばっている。
私はこんなにもやさしさをもっている。
私はこんなにも人に誠実に接してきた。

具体的なことを思い浮かべるほど、潜在意識は「確かにそうだった」とすんなり納得してくれます。そして、ここからが大切です。こうして自分の過去の素晴らしさを実感することができたら、次は許可を出していきます。

「だからこそ、私は同じようにがんばっている人と引き合っていい」

潜在意識にこう教えてあげるんですね。
単に「私はがんばっていたんだ!」と実感するだけだと、ときにそれは「私はこんなにすごいんだ」というプライドに見えてしまい、とっつきにくい人になってしまいます。ですので、「私はすごいのだ」というところで終えるのではなく、「すごいからこそ、同じような人と引き合う価値がある」というように、丁寧に自分自身に言い聞かせてあげてみてください。

私は過去、こんなに酷いことをされても、それでも人を恨むことなく、できるだけやさしく人に接してきた……。

そんな思いを抱えているやさしい私は、同じようにやさしく、思慮深い男性と知り合う価値のある女性です。

私は過去、辛いことがあってもめげずに、それでも人生をよりよく生きようと真剣に誠実に努力してきた……。

そんな強い意志をもっている私は、同じように強い心をもち、人生を真剣に生きている男性と釣り合う価値がある女性です。

縁とは鏡です。

あなたが自分の素晴らしさを自覚すればするほど、同質の人が引き寄せられます。

こうして、「すでに私の中にある宝物」を見つけてあげながら、「だからあなたは同じ素質をもつ人と引き合っていいんだよ」とあなた自身の心に教えてあげるだけで、素晴らしい縁を自動的に引き寄せることができるようになるのです。

ワーク：「だから私は愛される」と思えるような自分の価値を見つける

あなたは愛され、大切にされるべき女性

不幸な人生を変えて、幸せに生きていきたいときほど、「幸せになる努力」をする前にするべきことがあります。

それは、「自分が今までの人生で出してきた、不幸を受け入れることへの許可や、不幸を許す体質をやめる」ということ。


まさか、自分から不幸を受け入れている人がいるなんて……と驚くかもしれませんね。

けれど、潜在意識を分析してみると、

「頭でどんなにイヤだと思っていても、実際に不幸なことが起きているということは、自分の潜在意識がその不幸が起きることを許し、受け入れてしまっている」

ということが起きています。

たとえば、男性から無視される……という場合は、潜在意識から見ると、「男性から無視されることを自分が許してしまっている」ということになります。

なぜ自分が望まないイヤなことを許してしまっているかというと、それは、過去に「イヤなことを受け入れることを強要された」ことが原因です。

からかわれたり馬鹿にされたりすることがイヤだったとしても、逆らうとエスカレートするために、それを黙って「仕方ない」と受け入れざるを得なかった。人の言いなりになるのがイヤだったとしても、そうしないと怒られたり愛情を与えてもらえなかったから、しぶしぶ自分の気持ちを押し殺していい子のふりをするしかなかった。

このように、「仕方なく受け入れてきた」ことが、いつのまにか潜在意識の中で「私をからかってもいいよ、私は我慢するから」「私を言いなりにしたいと思ってもいいよ、私はそれを受け入れるから」という間違った許可となってしまったのです。

我慢してしまったことで、潜在意識がそれを受け入れてしまったんですね。

そして、一度不幸を我慢してしまうと、自分が「もうやめる」と決めるまで、その後の人生でも不幸は続いてしまいます。

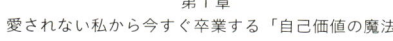

無視されても、「私は無視されても仕方がない」「我慢しよう」と苦しい現実を受け取ってしまえば、「私は無視されても仕方ない人間なんだ」というネガティブな許可になり、ずっと「無視される現実」を引き起こします。大切にされない過去があったとき、「私は大切にされない存在なんだ」と我慢してしまえば、大人になってからも「私は粗末に扱われても当然です」という情報を周囲に発してしまいます。

不幸が続くときは、こんなふうに潜在意識が幸せを許可するのではなく、「不幸だけを許可してしまっている」のです。

こうした苦しい、誤った「許可」は、すぐに止める必要があります。そしてそれを止めるためには、「もう私はこんな扱いをされることを許さない！」と、強く強く今までの苦しみを拒絶してみてください。

このとき、今まで自ら不幸を受け入れてしまっていたことに愕然とし、ショックな気持ちや、あるいは「こんなの本当はイヤだったのに！」と怒り狂う気持ちが出てくるかもしれません。でも、それでいいんですね。

今まで不幸を受け入れてきてしまっていたのは、強い怒りや嫌悪感をもたないように無理をしてきたからこそ。強い怒りや嫌悪感、「こんなの絶対に絶対に受け入れたくない！」という強い意志をもつことで、潜在意識は初めてこうした不幸を拒絶することができるようになります。この怒りや嫌悪は「私は私を守りたい」という自尊心に基づくものですから、もっていても罪悪感を抱く必要はありません。

そして、こうした怒りを感じることができたら、「周囲の人は、本来、私をどう扱うべきか？」ということをあなた自身が決めていきます。

＊無視するのではなく、しっかりと挨拶をするのが当然
＊暴言を吐いたりするのではなく、丁寧に冷静に伝えるのが当然
＊不公平に扱うのではなく、他の人とも同じように接するのが当然

ここではあえて「当然」という強い表現を使っていますが、今まで極端に不幸を我慢してきてしまった人は、これくらい強い表現を使って、丁重に扱ってもらうことに慣れていく必要があります。そして、丁寧に扱われることをくり返しイメージしてみましょう。

こうして強く決めたことを潜在意識にくり返し教えることで、「私は人から粗末に扱わ

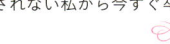

れる人間ではない」という情報が周りに伝わり、丁重に扱われる……というように変化していきます。もしも、それでもあなたを粗末に扱い続ける人がいたとしたら、それは、相手に問題があるということ。「この人はルール違反」ということで、サッと離れてしまってください。

こうして、強い気持ちで怒りや「こうすべき」をしっかり感じられるようになった瞬間に、周囲の人の態度が変わったり、あるいは自分を大切にしてくれる人との縁を得られるようになるんですね。

それくらいあなたという人は、丁重に扱われる人なのです。

そのことを潜在意識に教え、「丁重に扱われることが当然なのだ」と心から思うことができたとき、あなたの世界からはあなたを粗末に扱う人はいなくなるでしょう。

ワーク：自分が他人に「どう扱われるべきか」を自分で決め直す

自分にわがままを許せば許すほど、いい男にめぐり合える理由

自分史上、今まで考えたこともなかった最高のパートナーにめぐり合えた女性ほど、健全な自己愛をたっぷりと自分に与えています。

ここでの自己愛とは、何か特別なことではありません。「日常生活の中で、健全な愛と労りと理解をもって自分に接する」ということです。

たとえば、仕事でへとへとになって倒れそうなくらい辛いとき「タクシーで帰りたいな……」と一瞬思い、しかし、「でもお金がもったいない」と思い直し、疲れていることを無視して歩くことを選択してしまうとします。すると、「私の存在はタクシー代よりも軽いもの」という低い自己価値になります。

しかし、「お金はかかるけれど、タクシーに乗って移動しよう」と思うことができれば、「疲れているならば、自分に無理をさせない。なぜなら自分はお金よりも優先して大切に扱われるべき価値ある人だから」というように、自己価値を感じられるようになるんですね。

このように、一瞬の願望を無視することなく、自分に対して愛をもって接すると、潜在意識に、「私は大切に扱われていい女性だ」と教えることができるんですね。すると、私は「他人からも同じように大切に扱われていい存在」と許可が出るようになります。

もしもこのとき、「でもわがままではないのかな？」と疑う気持ちが出てきたとしたら、こんなふうに考えてみてください。「疲れてるんだったらタクシーに乗って移動してもいいんだよ」と言ってくれる友人がいたとしたら……そのやさしさに感動しませんか？

あるいは、あなたにとって大切な友人が疲れているときにがんばって歩いていたとしたら……「無理せずにタクシーに乗ってもいいんだよ」とか、「私が車に乗せてあげるね」と言ってあげたくなりませんか？

このように、一見わがままだ、ダメだと思っていた行動も、実は「自分の存在を心から大切にする」純粋な愛なんですね。

つまり、「甘えだ」とか「わがままだ」と思って、自分に我慢させていたことをあえて「してあげる」ことで、逆にそれが「自分を大切にしてあげた」という自己愛につながり、その結果、「私はこんなふうに大切に扱われていい存在なんだな」と許すことにつながります。自己価値を高めるような健全な自己愛には、他にどんなものがあるでしょうか？

＊普段がんばっている自分に対して、「本当に偉いね、がんばっているね」「心から尊敬するよ」とたくさんのほめ言葉をかける
＊「こんなに大変な世の中で、生きていてくれてありがとう」と自分に感謝の気持ちを伝え、美味しいものを食べさせたり、喜ぶようなプレゼントをあげる
＊「休みたい」「もうやりたくない」「これ以上がんばれない」など、疲れやネガティブな感情を否定せず、休ませてあげる

最高の愛を自分自身に与えていないがために、「私は愛されていい人間ではない」という思い込みで生きてしまっているのなら、それはとてももったいないこと。

「私」を愛せば愛するほど、あなたの潜在意識はあなたのために最高の現実を引き寄せてくれる。そのことを信じて、あなたという存在を心から愛してあげてください。

ワーク：一見「わがまま」とも思えるような「愛」を自分に与える

自分を変えなくても、実は今すぐ愛される

私たちが人と愛し合う上で、切っても切れない問題が、「自分が自分に対してどう思っているか？」というセルフイメージです。

「他人と恋愛したいと思っているのに、なぜ自分が自分をどう思っているのかが恋愛に影響するの？」と思うかもしれません。

実はこれも、潜在意識の「制限」の問題です。

実際に例を見ていきましょう。

クライアントのY様は、自分の容姿を酷く嫌っていたため、普段から「どうせみんな私のことかわいくないって思ってるんだろう」と自分を卑下していました。

しかし、こう思う反面、実際には寂しくて仕方がないし、愛されたいし、結婚もしたい……そう思い、自分磨きをしたり、婚活や出会い活動に精を出していました。

そんなふうに、まるで180違う二人の自分の間でずっと揺れていたのです。
その結果はもちろん、うまくいくことはありませんでした。
なぜなら、Y様の潜在意識の中では、二つのことが起きていたからです。

1 「私のことが嫌い！だから私のことなんて、好きになる人がいるわけがない！」と自分を嫌うことで、潜在意識のレベルでは「私は私のことが嫌いです。だから、あなたも私のことをどうか愛さないでください」という情報を発してしまう

2 「どうせあなたも私を愛さないでしょう」と最初から相手を決めつける態度が、相手に「攻撃されている」「冷たい人」と感じさせてしまい、この人と一緒にいたくないと思わせてしまう

Y様は自分のことが嫌いなあまりに、「他人もきっと嫌っているに決まっている」と決めつけ、初対面の相手に対しても無意識に心の中でずっと非難していたのです。非難されていい気持ちになる人はいませんし、1番のように「私のことを好きにならないでね」と言っている人に対して、それを乗り越えてまで好きになろうとする人もいないでしょう。

それゆえに、婚活をしてもまったくうまくいかないということが起きていました。ここでは、「自己嫌悪がたたり孤立する」という潜在意識のパターンが起きています。

このように、潜在意識を分析すると、私たちが普段、何気なくしている自己否定や自分が嫌いという気持ち自体が、「幸せになれない原因」となっていることが分かります。

こうした自己嫌悪を癒していくのに効果的なのが、「自分への許し」です。

まずは、「自分が嫌いな自分のこと」を許すということ。

本当は私たちは自分のことを嫌ったり、見捨てたり、諦めたりなんてしたくないんですね。でも、それが分かっていても、否定されたり、ほめてもらえないことで辛さが続き、嫌いになるしかなかった。こんなにも他人を攻撃してしまうくらい、「どうせ私なんて」と自分を痛めつけるしかなかったのです。

まずは、「自分のことを嫌いだという側面からしか見ることができなかった」自分を許してあげるんですね。

本当は自分のことを嫌いになんてなりたくなかった。でも、人から否定的なことを言われて、自分のイヤなところばかり見てしまっていたね……。ごめんね。

こんなふうに、あなた自身のことを誤解していたことを謝りましょう。

その上で、「嫌いな自分にも、愛せるところがある」ということを許します。

私なんてどうせ綺麗じゃなくて……そんなふうに自分を嫌っていたY様も、本当は、健気で、真面目で、誠実で、やさしく、料理が好きで、愛らしく、美しいものに憧れる女性的な感性をもっていました。そして、今まで見てこなかっただけで、こんなふうに「自分がいいなと思える自分がいたこと」を認めてあげたのです。

「確かに、私は私のことをいつも嫌っていたね。でも、本当は私にもいいところがあって……そのいいところを見てくれる人、ほめてくれる人に心を開いても良かったね。自分のことを嫌いでいつも否定していたけれど、でも、本当は、そんな素敵な私がいたことを認めるね。そして、そんな私が、誰かに素敵だと思われることがあってもいいね……」

今まで無視し続けてきた「がんばっていた自分」がいたことを認めてあげた瞬間に、ぽろぽろと涙があふれたのです。

こうして本当の自分に気づいてあげた結果、「綺麗じゃないから愛されない」と思い込んでいたときとは裏腹に、Y様をそのままで素敵だねと好きになってくれる人が何人もあられました。

あなたが嫌っているあなたも、同時に愛される要素をもっています。

こうしてあなたが自己嫌悪という思い込みの檻から出られたとき、今のままのあなたで愛されるという奇跡的な現実がやってくることでしょう。

ワーク：「愛される要素」に気づき、自己承認する

なぜ、年齢や容姿ばかり気にする男性を引き寄せてしまうの？

恋愛するとき、どうしても容姿や年齢といった「条件」は気になってしまいますよね。

けれど、こうして目に見える条件を気にするほど、同じように容姿や年齢を気にする人ばかり引き寄せてしまう、ということを知っていますか？

たとえば、「どうせ私なんて、年齢だっていってるし、容姿だってそんなによくないし、正社員でもないし」と思っているとします。すると、

＊自分の年齢を気にしている
＊自分の容姿を気にしている
＊自分の社会的な立場や職業などの条件を気にしている

という潜在意識の情報に反応し、

＊ 年齢を気にして「女性は若いほうがいい」などという男性を引き寄せる
＊ 容姿の良し悪しで人を判断する男性を引き寄せる
＊ 子供を産めるかどうか、家事は完璧かなど、条件で女性を判断する男性を引き寄せる

ということが起きるのです。

その反対に、私は確かに、容姿はモデルみたいに綺麗では無いけれど、それでも気立てはいいし、やさしい気持ちをもっているよね、と自分の内面を認めることができたとします。すると、ここでは表面上のことで自分を判断せず、「自分の内面＝内側からあふれ出る本質的な魅力を認める」ということが起きているため、同じように「人を容姿ではなく内面で見る男性」を引き寄せることができるようになります。

なぜこうしたことが起きるかというと、縁とは鏡だからです。自分自身の思い込みがそのまま出会う相手に影響してしまうんですね。

そしてそれは「相手に対して思い込んでいること」だけではなく、「自分自身に対して思い込んでいること」も、そのまま反映されます。

これを、「住んでいる世界」ととらえると分かりやすいでしょう。

表面的なものの見方をしていれば、表面的な世界の住人になってしまい、同じように、

表面的なことだけにこだわる世界に住んでいる人としか出会えなくなってしまうのです。

このように、私たちは同じ地球という場所に住んでいたとしても、潜在意識によって、まったく別の世界に棲み分けしているんですね。

どうせ私なんて……と思っていればいるほど、本来あなたに届くべき美しい縁が途切れてしまいます。それは、とてももったいないこと。

本質的な見方をするだけで、本質的な生き方をしている人がやってくる。そして、綺麗なあなたには、綺麗な縁が似合います。もうこれ以上、自分自身に対して偏った見方をして、苦しめる必要はありません。

「そうだった、私は表面では計れない魅力をもっていたんだ」ということに気づき、今すぐに本質的な世界であなたを生かしてあげてくださいね。

ワーク：本質的な見方をする

最高の幸せにふさわしい自分になるための「毎朝の習慣」

昔、記憶喪失になった人のあるドキュメンタリーがありました。その人は過去の記憶を失った結果、まるで別人のような性格になり、今まで興味をもたなかったような職業に就いたのです。これを観ていて、気づいたことがあります。

それは、私たちの性格は、絶対的なものではなく、「思い出せる記憶」に基づいているということ。今の性格は、今まで過ごしてきた環境や、自分が言われた言葉、周囲の人がどう過ごしていたかなど、あらゆる「外的な情報」を記憶し、その影響で「自分がどう反応し、どう行動し、どんな発言をするか」ということがパターン化されてしまっているだけなんですね。たとえば過去、否定的なことを言われ、「私はダメなんだ」と思い込み、それを信じ、その言葉を記憶し、次の朝起きてからも、あえてダメな自分を思い出して暗い気持ちになり、今日もまた「ダメな私」で生きてしまう……。

つまり、ダメな自分とは「ダメな記憶」なのです。

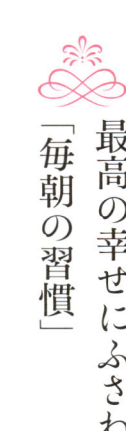

このメカニズムを利用し、幸せになることもできます。それは、「価値ある私」を思い出し、それを毎日継続させることです。

たとえば、あなたが過去、人にやさしくできたとしたら、そのあなたは、今日も存在しています。過去、人に誠実にできたことがあるなら、その誠実なあなたはまぎれもなく「あなたの価値」です。

そして、朝目覚めたら、その素晴らしい過去の価値を思い出しながら、「素晴らしいことをしてきた私」として、今日１日を始めてみましょう。

人を一生懸命愛せた私。あんなにも正義感をもって生きてきた私。朝目覚めたら、この美しい私に感謝し、その私として１日を生きる。

こうやって毎朝「価値ある美しいあなた」に感謝することができれば、そんなあなたにふさわしい素晴らしい１日を引き寄せることができるようになります。

ワーク：毎朝、美しい自分を思い出し感謝する

やさしい人ほど不幸になる理由

大なり小なり、誰しもが抱えている罪悪感。

「あんなこと言わなければよかった」「どうしてあんなことをしてしまったんだろう」という実際にしてしまったことに対する罪悪感や、「どうして私はあの人の期待に応えられなかったんだろう」という相手を満たせなかったときの裏切りの感覚。

こうした罪悪感から目を背け続けていると、潜在意識はどうなるでしょうか？

「私は相手を満たせなかった、相手を傷つけた悪い人間だ」という思いが湧きあがり、「私はこんなに悪い人間だから幸せになってはいけない」と思ってしまうようになるんですね。

ここでとても大切なことは、やさしい人ほどこの罪悪感をもってしまうということです。

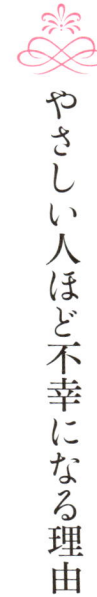

たとえば他人にちょっと笑顔で挨拶を返せなかっただけで後悔してしまう。

本来ならば自分で自分のことを幸せにすべきなのに、「親のことを喜ばせることができなかった」と落ち込んでしまう。


心がやさしく繊細な女性ほど、普通の人が思わないようなことまで「私が悪いんだ」と思い、それゆえに自分が幸せになることを許せなくなってしまうのです。

こうした罪悪感は、強くもち続けている限り、決して幸せになることはできません。

では、どうしたら自分が幸せになることを許せるのでしょうか？

一つは、心の中でその相手に謝ることです。素直に「悪いことをしてしまった」ということを謝罪します。期待に応えられなかった場合も同様です。「期待に応えたかったけれど、でもできなかった」という後悔を認め、その相手に対して心の中で謝ります。


その上で、今度は「できなかったあなた」を許してあげてください。


人は完璧ではありません。故意ではなくても人を傷つけてしまうこともあります。

でもそんなあなたはやさしいからこそ、こうして間違いに気づくことができました。

「ごめんなさい、でも今気づけたね、それでいいよ」「もうこれからそうしないようにしようね」と、自分を許すのです。

そして、気づくことができたら、今度はその過ちから学び、「これからはこんなふうに生きよう」と決め、新しい自分で生きてみてください。

約束を破った過ちがあるなら、「これからは約束を守る」と決め、それをしていく。酷い言葉を言ってしまったのなら、「これからはこんなことは言わない」と決めそれをする。

あなたは人間です。間違いもある、完璧ではない「人」です。そして、人はみな、こうしてやり直しながら、生きていきます。

あなたもそうして大丈夫。

謝ることができたら、「次はそうしない」と決めて、そのあなたで生きていきましょう。

こうして過去を受け止めることができたあなたは、もう罪をおろし、幸せになってもいいのです。

ワーク：過ちから学んだ自分で生きる

自分の幸せを邪魔する「もう一人の自分」に打ち勝つ方法

私たちの心の中には、いつも複数の自分がいることを意識したことはありますか？
たとえば、こんなことはないでしょうか？

街でウィンドウショッピングをしている最中、とても可愛い花柄のワンピースを見つけました。そのワンピースはまるで春の花園のような色とりどりの花々が描かれ、柔らかいシフォンの素材はそれだけで女性らしい、きゃしゃな繊細さをもっています。
「綺麗……」女性らしい美しい洋服に見とれ、こんな服を着てデートできたらどんなに素敵だろう……と思うあなた。見れば、値段もそんなに高くありません。「一度着てみようかな」とときめく心を抑え切れず、勇気を出して店員さんに声をかけてみようとすると……その瞬間、「何してんの？　あなたの年齢でこんなワンピース似合うわけないじゃない！　女優じゃあるまいし、もっと地味な洋服着たら？」そんな心の声が聞こえて、一度は試着をお願いしようと思ったにもかかわらず、「そうだよね、私にはこんな可愛いワンピース似合わないよね」と自分からお店を出てしまった……。

このように、自分が何かをやろうとポジティブになっているときに、「どうせダメだ」「できっこない」「おかしい」とネガティブな突っ込みを入れるサディスティックなもう一人の自分が、誰の心の中にも実際に住んでいるのです。

実はこのサディスティックな自分……仮にサディ子さんとしましょう。このサディ子さんの正体は、

＊今まで自分を否定してきた人たちの意見の融合体
＊世間のネガティブな意見などの融合体
＊ネガティブさを植えつけられ、「どうせダメだよね」と自己否定をくり返してきたネガティブな自分の融合体

です。ネガティブな情報をくり返しインプットされることによって、私たちの潜在意識にはまるで一人格《いち》のように「自分に否定的な意見を言うサディ子さん」が住み着いてでし

まったのです。

サディ子さんは、綺麗なワンピースを手に取った瞬間に「どうせ似合わない」と笑ったり、幸せな結婚をしたいなと夢見た瞬間に「できるわけないでしょう」と否定したり。「意地悪の象徴」として「自分の希望やポジティブな願いを破壊する」ために存在しています。

そして、私たちはいつも無意識にこのサディ子さんに支配されているんですね。


せっかくがんばろうとした瞬間、その気持ちを折られてしまう……。

せっかく自分を奮い立たせてポジティブに生きようとした瞬間、その行動をやめさせられてしまう……。


自分の中の悪魔に、せっかく芽生えた美しい感情を刈り取られてしまっているのです。

言い換えれば、この存在がいるからこそ、私たちは幸せになることができないのです。

だからこそ、このサディ子さんへの対処方法を憶え、「本当に自分がなりたい自分」「やりたいことができる体質」にしていくことが大切です。

そのやり方は、とても簡単です。

自分がポジティブなことをしたいと思った瞬間にサディ子さんが出てきて何かを言ったとしたら、まずは「あ、出てきたな」と客観的にその意見を受け止めてみてください。

そして、「この意見は私の本心ではない」と受け止めます。


こうしてまずは、「ネガティブな意見と自分が同じ存在ではない」と切り分けることで、サディ子さんに飲み込まれて希望を捨ててしまう、ネガティブなスパイラルから脱することができるようになります。


その上で、目をつぶり、心の中にサディ子さんをイメージしてみましょう。

一見、自分自身だと思っている存在……でもそれは、過去に自分を否定したり、いじめた相手の象徴です。今までは、これが自分だと思い込み、肯定してきました。けれど、もうこの「自分の人生を刈り取る意地悪な存在」に、大切な希望やキラキラとした気持ちを奪われなくていいんですね。

ですので、サディ子さんを目の前にイメージしながら、しっかりとした口調で宣言しましょう。

「私はもう、あなたの言うことは聞かない」
「あなたの意見はあなたのものだね。でも、私は私の人生を歩みたい」
「私は私のしたいことをしたい。私の人生は私の意思で自由に生きる」

このとき、サディ子さんに言いたい言葉は、あなたが望むもので大丈夫です。「もう言うことを聞きたくない！」と怒鳴ってしまってもかまいませんし、「ごめんね、でももう私はあなたと一緒にいたくないんだ」と冷たく言ってしまってもかまいません。

自分の人生を影で支配していた存在。

過去、自分のことを否定し、そして未来をつぶしてきたイヤな人の象徴……。

この相手に対して、しっかりと自分の意思をもって「決別する」と決め、それをハッキリ表現してみてください。そして、サディ子さんに表現できた後は目を開け、もう一度「自分がその瞬間、本当はしたかったこと」に意識を戻し、それを選び直しましょう。

ワンピースを買おうと思い、サディ子さんの言葉でいったん店から出てしまったとしたら、心（イメージ）の中でサディ子さんに宣言した後、もう一度店に戻り、「着てみたい」と目を輝かせた、希望を抱いた自分のために」ワンピースを購入してあげます。

こうして「過去、自分を否定してきた誰か」に圧倒されることなく、「本当はやりたかったこと」を実行していくことで、「ああ、私はやりたかったことができた！」と、どんどん自己価値と自由を取り戻すことができるようになります。そしてこうして行動できたら充分に自分をほめてあげてください。こうすることで、「やりたいことをするのが当然のキラキラした私」に生まれ変わることができます。

このように、私たちは気づかないうちに、自分の中の希望や喜びを奪われながら生きています。そのことに気づき、その都度、「でも私はこれがしたいの」と凛《りん》とした気持ちでやりたいことを選び直すことができたとしたら、それはまぎれもなく、あなたにとっての揺るぎない輝きとなって、そんな自分にふさわしい最高の愛をもたらしてくれることでしょう。

ワーク：サディ子さんに負けず、やりたいことを叶えてあげる

第 2 章

いつでも素晴らしい愛を受け取れる「許可の魔法」

この章でお伝えしたいこと

現実は「許可したもの」でできている

潜在意識のメカニズムというと、とても難しいことのように思えますが、実際には単純です。現実はすべて、「自分自身が許可したもの」でできあがっている、ということ。

たとえば、恋愛するためには綺麗にならなきゃ。今私は○歳だから、もっと若々しく綺麗にならなければ、誰からも相手にされないだろう……と思い、綺麗になりたいと努力しながらも、なかなか自分に自信がもてない女性、C様がいました。

彼女の場合、問題は年齢ではありません。なぜなら、「若くなければ恋愛できない」わけではないからです。

そうではなく、年齢を重ねた自分を自分が嫌っているため、「私は若く見せなければ誰からも相手にされない」という思い込みをもってしまい、「若々しくならない限り、誰も私に声をかけてはいけない」「若々しくならない限り、誰も今の私に恋をしてはいけない」と今の自分が愛されることを自分から禁止しているんですね。

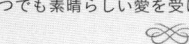

本当は、恋愛に年齢は関係ないし、わざわざ外見など変えずに、今の自分を愛してくれる人を引き寄せてもいいのです。

このことに気づいた瞬間、ある女性はブランド品を買ったり、無理なおしゃれをやめました。そして、無理な努力をやめたにもかかわらず、たくさんの男性から声をかけられ、そのうちの一人と「ありのままの自分」でおつき合いをするようになったのです。

このように、潜在意識を読み解くときは、「現実がなかなか叶わない、だから叶うようにがんばろう」ではなく、「なぜ自分が今すぐ幸せを受け取ってはダメと自分に禁止しているのか？」というように考えていきます。

こんなにがんばっているのになかなか愛されない……というのではなく、正しくは、「こんなにがんばっている私がいるにもかかわらず、私（の潜在意識）が今すぐに愛されることを許可していなかったんだ」ということ。

こうしたパターンに気づき、どんどん自分の中の制限を外して、今すぐに幸せな愛を引き寄せることを許可していきましょう。

恋は24時間、あらゆる瞬間に生まれる

「なかなかいい出会いがなくて」というお悩みや、「どうやったら素敵な人にめぐり合えるの？」というご相談をよく受けます。こうした悩みや相談は、一見、真剣に恋愛に対して向き合っているように見えますが、実はそれが罠なんですね。

なぜなら、出会いに関する悩みそのものが「出会いを制限している」からです。

たとえば、「なかなかいい出会いがない」というお悩みは、「日常生活の中ではいい男がいない」と潜在意識が決めてしまっているということが分かります。

「どうやったら素敵な人にめぐり合えるの？」という質問は、「何か特別なことをしなければ素敵な人にめぐり合えない」という思い込みがあることが分かります。

このように、潜在意識を分析すると、「今それが起きていない」ということは、今それを

自分に許可していない」ということに気づけます。しかし、本当は出会いというのは、いつ、どこででも、あらゆる瞬間あらゆる場所に落ちているもの。

たとえば、普段の通勤風景……でも、もしかしたら今日、素敵な人に道を聞かれ、案内しているうちにウマが合い、連絡先を交換することになるかもしれません。

うちでのんびりとテレビを見ながらリンパマッサージをしていたら、昔の同僚から電話がかかってきて、「実は……」と告白され、食事に誘われるかもしれません。

このように、自分の思いもよらないところで、出会いのチャンスというのは360度無限に広がっているものなんですね。実際に、

＊道案内をしてもらった男性と気が合い、連絡先を交換し、数回会った後、おつき合いをするようになった
＊数年前に別れた彼から自宅に連絡があり、復縁した
＊今までスルーしていた同僚がいきなり素敵に見え、アプローチを受けておつき合いするようになった
＊たまたま会社に来た取引先の人と話が合い、その後デートをするようになった
＊友達に連れていかれた飲み会で見初められ、最初はお友達でと断っていたが、だんだ

ん相手の真剣さに惹かれ、交際を受け入れ結婚することになった

＊たまたま入ったSNS（ネット上のコミュニティ）で話が合い、親しくなった上で実際に会い、その後1年間の友人期間を経ておつき合いし、結婚した

というように、あらゆる場所・あらゆる瞬間に、愛を手に入れた方々がいらっしゃいます。こうした出会いのチャンスが訪れる人とそうではない人の差は、「出会いは24時間、いつでも、どんな場所でも、どんな瞬間でも、自分がどんな状態のときでも、自分がどんな格好をしていても、どんな心の状態でも起きる」と思えているかどうかだけ。

そして、「こうした出会いが実際にある」ということを受け入れ、「ああ、そんな素敵な出会いもあるんだ！」と、自分にもそれが起きることをイメージしながら、心ときめかせることができた人ほど、実際に奇跡を起こすことができるのです。

それでは今ここで、実際にイメージしてみましょう。

もしもカフェなどでこの本を読んでいるのなら、読書をしているところに声をかけられるかもしれません。あるいは、今この瞬間、あなたの元彼から電話やメールが来るかもしれません。明日の出勤の最中、すれ違った素敵な人が将来の彼氏になるかもしれませんし、ふと気が向いて美術館に行ったところ、そこで話が合う芸術好きの男性とめぐり合うかも

しれません。

こんなふうに具体的にイメージングしていくことで、潜在意識は「あ、本当はこんなに制限がなく、自由に恋愛を引き寄せてよかったんだ」と学ぶことができます。

あなたが行く先々で、あるいは、今この瞬間に、恋の可能性は生まれ続けています。今この瞬間、世界中で花が咲いているように、あなたの恋もまた、駅の階段で、本屋さんで、ふと見たSNSで、たまたま足を運んだ取引先で、お風呂に入っている間に届いた元彼からのメールで始まるかもしれません。

関わる世界すべてに恋の芽があるということを受け入れ、その可能性を楽しんでみてください。

受け入れた瞬間に、すべては変わる――こうしてあらゆる可能性を楽しむことができれば、あなたが思いもよらない瞬間に、素晴らしい恋愛が訪れることでしょう。

ワーク：いつでも愛されているイメージをもつ

愛され上手は受け取り上手

「いえいえそんな、とんでもないです」

謙虚そうに思える、こうした「遠慮の言葉」。目上の方との言葉のやりとりでは、こうした「ほめられたら遠慮をする」ということが作法になっていることもあります。

けれど、礼儀上、こう言わなければならないからといって、心まで遠慮をしていると、それは潜在意識にとって「あなたが私を愛したり評価するなんてとんでもない！　だから、お願いだからもうほめたり愛したりしないで」という強い禁止になってしまうのです。


人間関係においてもベースになるのが潜在意識です。つまり、自分が心の底で「そんなの受け取れない！」と思っていることは、「こうしないでください」という相手に対する禁止になり、そのまま相手に「こうしないで」という情報として伝わってしまっているのです。

それゆえに、普段から遠慮し、恐縮し、受け取らない……ということをしていると、その場での関係だけではなく、「私はそもそも愛を受け取らないし、ほめ言葉も受け取りませんから」という、常に冷たい関係しかつくれなくなってしまいます。

本当はほめられたり、親密になったり、愛されたいと願っているのに……ちょっとした日常生活のクセで、こんなふうに「愛されない潜在意識」をつくり上げていたとしたら、とても怖いことですよね。

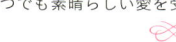

こうした愛を遠ざけるクセをやめるために、積極的に愛されることを受け入れてみましょう。

ほめられたとしたら、(どうせこんなのお世辞なんでしょ)と斜にかまえたりせずに、「ああ、こんなふうにやさしい言葉をもらえるなんてとてもうれしいな」と素直に喜んでみること。何かをしてくれると他人が言ってくれたら、「ああ、ありがとう。こんなふうに私と積極的に関わってくれようとして光栄だな」と、素直に受け取ってみること。

すると、潜在意識は「受け取っていいんだ」「私はほめられたり助けられたりする価値ある存在なんだ」「こんなふうに言ってくれる人が本当は世界にたくさんいるんだ」と許可を出せるようになります。そして、もっともっと愛や幸せや価値や助けを受け取らせてくれるようになるのです。

愛されない現実から愛される現実へと自分を移行させるためには、このように「今までにしてこなかったこと」をして、丁寧にリハビリさせてあげることが大切です。

そして、もう一つここでレッスンしてみましょう。

自分に対して向けられたものではなくても、人の愛ややさしさを受け取ってみてください。たとえば、男性が妊婦さんに席をゆずるなど街で見かけたやさしい光景……。

こういう「愛の行為」や「愛ある人」を、素晴らしいと思いながら受け入れてみましょう。こうして、愛ある人たちと積極的に関われている自分をイメージできれば、あなたの周囲に自然に「愛」が増えていくのです。

ワーク：日常の中で「幸せと愛と喜び」を受け取る

愛を引き寄せる潜在意識の書き換え方

恋や出会いに悩んでいるときほど、私たちは「自分が悩んでいる状態」にとらわれがちです。どうしたらうまくいくんだろう、私のどこが悪いんだろう……。潜在意識はこのとき、「悩み苦しむ」という状態になっています。すると、この潜在意識の状態がそのまま反映し、「悩み・苦しみを感じるような現実」を引き寄せてしまうんですね。

恋に悩んでいる人がうまくいかず、あまり恋に悩んでいない人ほどあっさりと彼氏ができたりするのはこのためです。潜在意識は今の状態をそのまま現実として引き寄せる。このメカニズムを知らないと、どんどんネガティブなループに陥ってしまうのです。

けれども、このメカニズムを上手に活かすことができれば、反対に、「最高の愛のループ」を引き寄せることもできます。それが、「今の潜在意識の状態を、すでに恋愛しているときの状態に変えてしまう」というもの。

相手のことを思い恥じらうような気持ちや、一緒にいるときの喜び、触れられたときに訪れる胸のときめき……。こうして心にふわっと光が入り込むような甘い感覚をイメージし、そのときの自分を先取りしてしまうんですね。
すると、私たちの潜在意識は「すでに恋をしているような輝く愛の状態」へと変わっていきます。その結果、その状態にふさわしい現実を引き寄せてくれるようになるのです。

それではここで、潜在意識を実際に書き換えていってみましょう。
あの人とデートできたら、どんなに素敵だろう。そのイメージにうっとりと浸り込みます。このとき、72ページのような「サディ子さん」が出てきたら、「私はあなたが言うような愛のない関係をもう受け入れません」としっかりと宣言し、また愛のイメージに戻ってみます。

素敵な人が、私のことをエスコートしてくれて、「好きだよ」とささやいてくれる。そのときの、胸の高鳴り。落ち込んでいるときも、「よくがんばったね、大丈夫だよ」と自分をやさしく抱きしめてくれる、そのときの喜び。そんな彼の体温、吐息、鼓動の音や抱きしめられたときの甘い感覚……恥ずかしがらずに、うっとりしてしまうくらい、これら

をイメージして味わっていきます。

このとき、とても大切なポイントがあります。

それは、ただ受け身に「愛されている」状態を想像するだけではなく、「自分も彼を大切にしている」「自分も心から相手を尊敬している」という自分から相手への行動や思いも感じていくこと。

相手をやさしく抱きしめ、ときには自分自身が相手の苦しみを癒してあげる。自分からも「あなたが好き」と伝えながら、相手の存在に心から感謝の気持ちを捧げている……。

こんなふうに相手を愛しているという「自分の想い」を想像することで、潜在意識には「私はこんなにも人を愛せる女性なんだ」という自己価値と「一人の女性として相手を幸せにする」という自立性が刻み込まれるんですね。

そして、こんなふうに人を愛せるあなたは、同じだけ愛され、報われる価値があります。

受け身になるだけではなく、「自分もこんなふうに人を愛することができる」という主体的な思いを感じながら、愛し合っている自分に慣れていってください。

視点を変えて潜在意識を動かしてあげるだけで、あなたの現実の恋もあっという間に動いていくのです。

ワーク：愛し合う甘い感覚を味わい、愛に慣れる

「愛から遠い人」から離れて、愛の世界に生きる

愛を引き寄せるために、簡単で、かつ、すぐできる効果的なことがあります。

それが、「生きる世界を選択する」ということ。

選択する基準は、「愛があるかどうか」です。

たとえば、一方的にネガティブなことばかりを話していたり、思い込みが激しく人のダメなところばかりあげつらったり。悪口を言ったり、見栄を気にしすぎたり、馬鹿にしたり……そういう世界はとても怖いですよね。

本当は言っている本人も苦しいですし、それを聞くほうも幸せではありません。一時的に盛り上がったとしても、本当の喜びではないのです。

しかし、こうした生き方をしている人たちは、常にこうした状態で、「文句を言う」のが当然で、「他人をあざ笑う」のが当然で、「人を馬鹿にして自分を保つ」ことが当然で、「争って勝ったり負けたりをくり返す」のが当然な、こういうことばかりが起きる「愛さ

ない」世界に住んでいます。

こうした世界に住んでいる人に接してしまったとしたら、そういう人・場所・瞬間からはさっと離れてしまってください。
そのとき、「怖い」「イヤだな」と感じて離れて大丈夫です。

そして、自ら進んで、愛を感じられるような時間や、愛を感じられるような情報、愛をもっているような人に接し、自分から愛の世界へと戻ってみましょう。

実はこれは、潜在意識をコントロールする上でとても重要なことです。

一見、ただ単にイヤな人から離れているだけのように思えますが、これは立派な自己防衛です。こうしたイヤな態度をする人の潜在意識というのは、とても荒々しくいつも戦争状態で、人を巻き込んで不幸にしようとしているんですね。エネルギー（目に見えない雰囲気やニュアンス）で言えば、きつく、息苦しく、荒れている状態です。

けれど、本当の愛とは、こうした荒廃した状態とは真逆にあります。

たった一言のやさしい言葉にほっこりする。

誰かの幸せを心から喜びながら、一緒に涙する。

してもらったらありがとうと言い、してあげたらありがとうと言われる。
誰かが落ち込んでいたら励まし、自分の弱さも理解してもらえる。
そんな温かく、穏やかな世界です。

そして、愛の世界に住む人は、たくさん存在しています。

あえて荒廃した世界に自分から住む必要はないんですね。同じ地球という世界に住んでいるとしても、愛ある人生を生きるのか、荒れた人生を生きるのか。人にやさしくすることを選ぶのか、誰もやさしい人なんていないと絶望するのか。すべて、私たちが自分で選ぶことができます。

心から選び直すことができたとき、必ず潜在意識は同じように生きている「愛の世界の住人」を引き寄せ、あなたは「やさしいのが当然」な毎日を始めることができるのです。

ワーク：愛をもつ人とだけ、関わるようにする

条件づけの愛、やめませんか？

子供時代、良い子にしているとお母さんがとても喜んでくれた。だから私はいつも良い子にしていよう！

良い成績を取ったら、先生がほめてくれた。じゃあ私はがんばっていつも良い成績を取り続けて、またほめられたいな！

「良い子にしていたら喜ばれた」「良い成績をとったらほめられた」という記憶……これらは一見、美しい思い出のように見えますが、実はこの思い出が大きなメンタルブロックをつくり、あなたの愛のハードルを上げてしまうことがあります。

その理由は、この愛が「条件づけ」だからです。

役に立っているから……という理由でほめられた子は、「役に立てば愛されるんだ！」と思い込み、愛されるために必死で相手の役に立とうとしてしまうんですね。すると、大人になってからどうなるかというと、「役に立たない私は愛されない」「会社で評価されないと愛されない」というように、「こうでなければ私は愛されない」という高い壁を、自分でつくり上げてしまうのです。

けれども、本来、人は誰かの役に立つから愛されるのではありません。

落ち込んでいるときも、何も役に立てなかったとしても、面白いことが言えないときも、充分に相手を喜ばせることができなかったとしても、どんなときも、あなたは愛される価値があります。

「何かをしたから愛されるのではなく、あなたがあなたとして存在しているからこそ、愛されていい」んですね。

失敗して落ち込んでいるときには、自分で自分をぎゅっと抱きしめてあげる。

相手の言うことを100%聞けなかったとしても、喧嘩することがあったとしても、「そういうときもあるね」と自分を許してあげる。

こんなふうに、いつも自分にやさしく接し、あなたが思い通りになったり、良い評価があるから愛されるわけではないということを潜在意識に教えてあげることで、「条件づけではない愛」を手に入れる許可が出ます。そのためには、まず、あなたがあなたのことを無条件に愛してみましょう。

たとえ失敗したとしても、けなげによくがんばっていたあなたがいる。ときにはすねたり、いつも笑顔でいられなかったり、病気になったり、ときには感情が荒ぶったり……でもそんなふうに「可愛くない私」であっても、心から一生懸命生きている自分の姿がイメージできたら、ただ存在してくれているだけで愛しいという気持ちになれる。

こうして「いつも一生懸命生きているあなた」を、何の条件もつけずに愛してあげることで、「いつも愛してもらえる私」を始めることができます。

いつ、どんなときも、あなたは愛しく、愛されていいかけがえのない存在なのです。

ワーク：どんな自分のことも愛してあげる

「大切にされた瞬間」を思い出すほど愛される

「どうして私はなかなか愛されないんだろう」

そんなふうに悩んだり苦しんだりしているとき、実は、潜在意識は大切なことを見落としています。それは、「本当は自分にも愛された瞬間があるし、大切にされたこともある」ということです。

どうしても喜びよりも苦しみのエネルギーのほうが強いため、そちらに私たちの意識は引っぱられます。それゆえに、辛いことや苦しいことが多かった人ほど、「自分の人生のすべてが、まるで全部苦しみだった」ように感じてしまいますし、「人生で誰一人として、どの瞬間も、やさしい言葉をかけてくれたことなんてなかった」というように、すべてのことを否定してしまうんですね。

こうなると、潜在意識は「私は誰からも愛されなかった、だからこれからも愛される価値のない人間なんだ」「私は今までもやさしくされたことなんてなかった、だからこれからもそんな扱いを受けることなんてないだろう」と思い込んでしまうのです。
その結果、「愛されない」「大切にされない」現実ばかりを引き寄せてしまうんですね。

けれど、こうしたときほど、意識して過去を丁寧にふり返り、「自分が大切にされたり、心配されたり、やさしくされたり、評価された瞬間」を思い出し、それを受け取っていく必要があります。

なぜなら、苦しみに圧倒され、私たちが見ないようにしてきた宝物のような事実の中にこそ、自分の本当の価値が隠されているからです。

たとえば、子供時代、あなたのことをほめてくれた人はいませんでしたか？
あるいは、あなたのことを心配してくれたお友達や、あなたのことを好きでいてくれた人、話しかけてくれた人、笑顔を返してくれた人、あなたが何かしたときに喜んでくれた人……こうした人とのポジティブな記憶を思い出すことができたら、「その思い出の中で自分がされたこと」をしっかりと「自分の価値として受け取って」みます。

たとえば、近所のおばさんが「今日も元気だね」とほめてくれたとしたら、「ああ、私はこんなふうに快活さをほめてもらえる人なんだな」というように……。

そして、「私はこんなふうにほめられる価値のある人間だ」と自分に言い聞かせてみてください。

近所のおばさんのなんてことのない一言であっても、こうして丁寧に思い返して潜在意識に教えることで、潜在意識は「私の人生でも私をほめてくれる人がいるんだ」「私はほめられる価値のある存在だったんだ」と受け止め、人生に新しい可能性が吹き込まれます。

このように、「小さくても、自分に与えられたもの」を受け取れたとき、私たちの潜在意識は「自分は愛されていい人間だったんだ」と愛されることを許可することができるのです。

やさしい言葉をかけてもらえた……私にはその価値があるんだ。
心配してもらえた……私にはその価値があるんだ。
なでてもらうことがあった……私はこんなふうに扱われてよかったんだな。

こうして小さなことでもいいから、どんどん受け取り上手になっていくことで、結果的に「私はそうされていい人間なんだ」という許可につながるのです。

実は、これは私自身もやってきたワークです。家族が厳しく、どちらかというとほめられることよりもダメ出しをされたり、「もっと」と要求されることが多かった中で、それでも学校の先生が「よくやったね」とほめてくれることがあったり、友達のお母さんが「大丈夫？」と心配してくれたことがあったんですね。

それは一、二度というとても少ない回数でしたが、でもそのときに、「ああ、私もこんなふうに扱われたり、こんなふうに声をかけられていい人間だったんだな」と学ぶことができました。そのおかげで、厳しいことを言われたり否定されたときも、潜在意識のレベルでは「でも根底には大切に扱われる価値がある」ということを信じることができたのです。

より大きな愛情や継続する愛情ばかりを求め、小さな愛情を見過ごしてしまうことは、「愛されていい」という許可を見逃してしまうことになります。

愛は回数や時間の長さではありません。まっすぐにそれを受け取れた瞬間に、潜在意識は動きます。愛を上手に受け取れる女性になって、「愛される・大切にされる許可」をどんどん自分に出していきましょう。

ワーク：過去の愛された経験を思い出してみる

恋愛運を１８０度変えるレッスン

潜在意識を書き換える上で、とくにネックとなるのが親との関係です。

実は、素晴らしい恋愛をするためには、「今の自分の状態」だけではなく、「過去、親がどんな愛情ある生活を送っていたか」ということを見直してあげることが大切です。

なぜ親が関係するのでしょう？　それは、私たちは今の自分の恋愛の基準を親のパターンを参考にしてつくり上げているからです。

たとえば、不安なことがあって親に話しかけたときに、親に忙しさやめんどくさざなどあらゆる理由があって、「そんなぐちぐち言うのやめなさい！」と叱られたとします。

すると、私たちの潜在意識は、「不安なことがあっても叱られるから、我慢しなければならないものなんだ」と思い込み、自分のことを犠牲にしてでも、辛いのを堪えてでも、相手に合わせて相手の言うことを聞くのが愛情なんだなと、愛を間違った形で認識してしまうようになるのです。

すると、大人になってからも、「我慢することが愛の形」「心配されないのが愛の形」と思い込んでしまうため、心配してくれない男性との間で我慢し続けてしまったり、放っておかれても平気でいるような寂しい恋愛しかできなくなってしまうのです。

これは、潜在意識が「親がそうしていたから、愛ってこういうものなんだね」と思い込むからです。

ネガティブな愛をくり返してしまう女性は、このパターンが多いです。幸せにしてくれない相手を何度も好きになってしまったり、不倫をくり返す人は、潜在意識が愛情を誤解しているからこそ、その誤解に基づいて大切にしてくれない相手を選び、大切にされない関係を本当の愛だと錯覚して続けてしまうのです。

どんなに女磨きをしても、自己価値を上げたとしても、「愛は無視されて当然」「怒られないように我慢するのが愛」などの潜在意識の思い込みそのものを変えなければ、大切にされ、幸せになれる現実はやってきません。

そのためには、自分の中で思い込んでいた「愛のパターン」をしっかりと認識すること。

そして、「でも本当は私はこんなことを望んでいたわけじゃない」「私がほしいのはこういう愛じゃない」と、「本当に望んでいた愛の形」をイメージしてあげればあげるほど、そのイメージ通りの温かい愛を引き寄せられるようになっていきます。

「私は幸せじゃない家庭に育ったから、ずっとこういう自分が苦しむ愛の形が続くんだ」と、愛を諦めてしまったとしたら、それはとても悲しいことです。絶望するよりも、今まで苦しかったことが多かった分、「どんな愛情のやり取りがしたかったのか？」を本気で考えてあげてほしいんですね。

たとえば、結果が出なくても「がんばったね」と言って目を見て抱きしめてほしかったし、がんばって結果が出たときは、「すごいね！　本当によくここまで努力したね！　偉いよ」と言葉にして伝えてほしかった。

もっとたくさんやさしくしてほしかった……。

自分が落ち込んでいるときは、普段と違う状態に気づいてやさしい声をかけて慰めてほしかった。そのときに、やさしく抱きしめたり、温かい飲み物を入れてくれたり……労るような行動をしてほしかった。

こんなふうに、過去を思い出しながら、あなたの求めていた「愛の形」をより具体的にイメージしていきます。

それは、完全にあなた自身が「してほしかったこと」でかまいません。決してそれはわがままではないんですね。

そして、その上で、こう自分に言い聞かせてあげてください。

「私は今までは自分の望む愛を与えてもらえず苦しんだけれど、でも、だからこそ、今こうして温かい愛がどんなものかを理解することができる」

「そして、私は自分の人生においてこの愛を得ていいいし、自分で表現していっていいんだ」

これが、究極的な愛の許可になります。

愛されたことがないからといって、「だからできないんだ」と絶望することはありません。あなたにはあなたの愛があり、愛の形があり、目指す幸せがある。

私は親とは違う。そして、違う人生を送っていい。

愛し愛され、温かい、今までの人生になかった関係を得ていい。

自分のイメージ通りの愛を手にしていっていい。もう、その愛を我慢する必要なんてない。求めている愛を得て、幸せになっていい……。

こうして理想の愛を思い描くことが、「あなたが人生で望む愛」を現実化してくれます。今まで辛い愛ばかりだったのに、突然180度違うやさしいパートナーができたクライアントは、こうやって「愛されなかった現実」を変え、180度違うタイプの男性とめぐり会うことができたのです。

今まで親から制限されてきたことも、どんどんやっていい。楽しい、うれしい。こんなこと、私が育った家庭ではなかった。

それを自由にイメージしてみましょう。

あなたはもう、子供時代から解放されて自由に愛し合っていい。あなたの人生は、あなたの愛を表現するための真っ白なキャンパスなのです。

ワーク：してほしかった愛情表現をイメージし、その愛を自分で自分に表現する

熱心に愛してくれる男性を引き寄せる方法

素敵な恋愛をする上で、「愛されない罠」は、実はたくさん存在しています。

その一つが、「愛されたい」と願い、愛される努力をするということ。

一見、愛される努力というと健気に思えますが、でも実際には、「私はまだまだだから、愛されるために必死で努力しなければならない」と自己否定を強め、「こんなにがんばったのだから、愛してほしい」と相手に求めてしまっていることがあるんですね。

こうして心の中で「欲求」ばかりが優先されてしまうと、同質の「自己否定が強く」「愛されることばかりを考えている男性」を引き寄せてしまうようになります。

では、どうすれば自分のことを考えてくれる、やさしい男性を引き寄せることができるのでしょうか？　それは、「自分から愛する」ということです。自分から愛するというと、特別に相手の世話をしたり、お金をかけたり、自分が大変だと思えるようなことをしなければならないと思い込み、負担を感じてしまう方もいらっしゃるかもしれません。

けれど、「愛を引き寄せるための愛する行為」とは、こうして「自分の労力を使って相手に尽くして貢献する」というような重い感覚とは違い、もっと軽やかに「愛を発していく」ということなんですね。

たとえば、ネットの人生相談で悩んでいる人を見かけた。思えば、自分の状態に似ている……共感できるな、という気持ちが湧いてきた。そんなときは、「あなたの気持ち分かるよ、だから応援してる。がんばってね」と、ちょっとしたコメントを打ってあげるだけでもいいのです。たかが1行か2行のメッセージかもしれません。

でもそれを見た相手は、「ああ、世界にはこんなふうに自分に共感してくれる人がいるんだ。応援してくれる人がいてほっとした」というように、涙を流すこともあるのです。

このように、「愛を発する」とは、「大変な労力をかける」ということではないんですね。

ちょっとした思いやりであったり、やさしい言葉であったり、丁寧な接し方であったり、配慮であったり……こんな小さな愛の発信だけで、「自分から人を愛している」という潜在意識に変化することができるのです。

子供時代、やさしい言葉をかけてくれた人を大人になってからも憶えているように、労力をかけない愛だとしても、その気持ちを充分に受け取りながら生きています。そして、こうして「自分に対して愛を発してくれる」人に対しては、「この人とても素敵な人だな」と素直に思うもの。それは男性と女性の間でも同じです。単にちょっとした笑顔のあいさつであっても、そんなやり取りによって、「ああ、素敵だな」という恋のスタートラインをつくることもできるのです。

そして、ここがポイントです。この愛は、「自分のタイプの男性」だけでなく、老若男女すべての人に与えてみること。

ときには困っている人を見て、やさしい言葉をかけてみる。

ときには友人に「大丈夫?」と声をかけてみる。

愛は重いものや、大変なものでなければならない。そうした思い込みを捨て、今日、愛を発信できるあなたになってみましょう。愛しながら生きているあなたは、「同じように、愛しながら生きようとしている男性」しか引き寄せられなくなるのです。

ワーク：周囲の人にちょっとした思いやりや気遣いを表現してみる

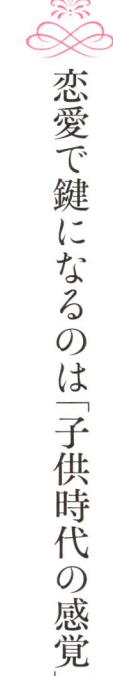

恋愛で鍵になるのは「子供時代の感覚」

突然ですが、あなたは子供時代、どんな女の子でしたか？
家の中に引きこもるよりも、外で無邪気に駆け回るほうが好きだったかもしれません。
勉強しなさいと言われても、遊ぶのが好きだったりしたかもしれません。

なぜ子供時代のことをイメージしていただいたかというと、実は恋愛で鍵になるのが「子供時代の自分」だからです。

大人の女性になって大人の恋がしたいのになぜ？　と思うかもしれませんね。でも実際には、私たちが恋愛しているときというのは、相手の男性との間で「子供時代に感じていたような、純粋な気持ちのやりとり」が行われています。
たとえば、子供時代、ただ友達と話したり、ただおもちゃなどを触ったりした楽しい時間はあったと思います。

その瞬間、「周囲がどう言おうと」「自分がそのことに夢中になっている」んですね。

恋愛も同じで、人が人を愛するときは、「ただこの人と少しでも長く一緒に居続けたいな」とか、「楽しい」「うれしい」「もっと」というとてもピュアな状態になっています。

このときは、「相手の収入がどう」とか「私はこんなダメな部分もあって」ということではなく、ただ純粋に「楽しむ」というつながりを感じているんですね。

恋を動かすときも、この「ただ純粋につながる」「ただ純粋に喜び合う」という気持ちを感じることが、その後の二人の関係を「もっと一緒にいたい」というおつき合いへと発展させていってくれるんですね。

そして、こうして喜びを重ねることが「デート」となり、やがては結婚へと発展していきます。楽しくデートしたい。まず、そこから恋愛のステップを踏んでいきましょう。

そのために、日常生活の中で、「ただ楽しい」「ただうれしい」と感じられる時間をつくってみてください。

テレビを見て無条件に笑う……ということでもいいですし、旅行に行って山登りをして山頂の上から景色を眺め、「ああ、爽快で気持ちいいな！」と心から感じることでも大丈夫。キラキラした化粧品を見てうっとりする時間でもいいですし、友達とテーマパークに行って1日中はしゃいでもいいのです。こうして純粋な喜びの時間を取り戻していくことで、「相手の男性と純粋につながる」ことへのリハビリができるんですね。

大人になると、条件や将来のこと、自分自身の状態や過去の恋愛の傷……こうしたことに心がとらわれ、「純粋に恋をする」ことから離れがちになります。けれど、そうした大人の事情とは真逆の場所にいた自分を思い出せば思い出すほど、素直に愛し合う自分へと戻り、その潜在意識が純粋な愛を引き寄せてくれます。

あなたの恋愛は、とても難しいものになってしまっていませんか？

考えすぎるあまり、まるで戦術のような関係性を築こうとしていませんか？

恋はロジカルなものではありません。いったん大人の女性としての自分から離れ、子供時代の自分の100％の喜びあふれる輝きを取り戻していきましょう。

ワーク：「ただ楽しい」「ただうれしい」時間をつくる

助けられ、楽に生きる人生を選ぶ

なかなか幸せになれない。そんなふうに悩む多くの方が抱えている問題の一つに、「楽であることや、幸せでふわふわした状態でいることを禁止している」というものがあります。

本来ならば、人は誰しも楽しさや喜びを受け取る権利をもっています。しかし、私たちは子供時代、学校生活や親との生活の中で、「楽でいることよりも勉強すること」「何もしないことは怠けることだ」「努力してがんばった人こそ価値がある」というように、努力・忍耐・根性・犠牲・我慢などを美徳とする考えを強く教えられることがあります。

こうなると、子供の頃の私たちは「努力しなければならないんだな」「楽をして生きてはいけないんだ」といつのまにか思い込むようになり、その結果、大人になってからも「自分に対して楽でいることを禁止する」潜在意識をつくり上げてしまうんですね。

すると、結果的に、

＊自ら犠牲になることを進んで行ってしまう。そして、実際に犠牲になるようなたくさんの仕事や大変なことを押しつけられ、引き受けるようになる

＊楽で幸せでいることを禁じているため、他の人からの手助けを拒否し、「簡単に成功する」ということを自ら避ける。「失敗してはまた努力して這い上がる」「いつも問題を抱え、悩み続ける」という生活をくり返す

＊努力して努力してようやく評価されることを良しとしているため、いつまでも他者に認めてもらえない。もし認めてもらったとしても、自分の努力の10分の1ほどの小さな評価しかもらえない

というような、「自ら幸せを避ける人生」を無意識に歩むようになってしまうのです。

いつも苦労していたり、なかなか評価されない……そんなときは、この潜在意識の法則を思い出して、自分を疑ってみてください。「もしかしたら、私は幸せや楽に生きることを自分に禁止していないかな？」というように、です。

そしてもしも、自ら幸せを避けていた、あえて楽に生きることよりも苦労すること、努力し続けること、我慢し犠牲になることを選んでいたとしたら、今この瞬間にそのクセをやめてしまっていいんですね。

今まで辛い思いだけを受け入れてきた自分を労りながら、別の生き方を選択させてあげてください。

「今まで辛かったね、もうこんな幸せを避けるような人生を歩まなくていいんだよ……」

こうして今まで苦労して、本当に望むことを得ようとしてこなかった自分の人生を振り返りながら、どれだけ苦しかったのか、どれだけ辛かったのかを考え、そこに共感し苦しみを労ります。そして、「本当はこんな人生を歩みたくなかった」という気持ちを認め、自分が喜びを感じながら、楽に生きているところをイメージしてみてください。

もしかしたら、もう他人の残業を引き受けないという選択をしているかもしれません。

もしかしたら、もうイヤな人と関わることをやめて、その分自分がうれしくなるようなお稽古事に時間を使っているかもしれません。

もしかしたら、一人でがんばることをやめて、誰かにできないことは頼んで助けてもらっているかもしれません。

もしかしたら、自分だけが働くのではなく、愛する人に養ってもらっているかもしれません。

苦しみをやめ、自ら「楽であること」を選び直す。そして、一人で生きるのではなく、誰かと生きることを選び直す。

こんなふうに、楽で孤独ではない自分をイメージし、その感覚を体全体で味わうことができれば、その瞬間、潜在意識は「ああ、本当はこれを選んで良かったんだね」と許可することができます。

もう苦しまなくていい。
もうそんな人生を選択し続けなくていい。

今まで苦しかった分、こうして自分に何度も何度も言い聞かせて自由に生きることを許可してあげてくださいね。

ワーク：楽に生きること、周りから助けられることをイメージし、自分に許す

男性が抗えないあなたの魅力とは？

恋愛する上で大敵なのが、「理性」です。

たとえば、感情的にならずに冷静かつ論理的に男性とやりとりできる才能も、実際に恋愛となると、「なんでそんなにいつも冷たいのか分からない」「喜怒哀楽がなさすぎて楽しくない」と言われてしまうこともあります。難しいですよね。

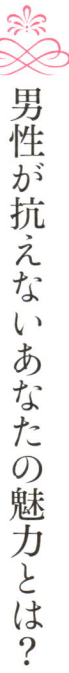

なぜこうしたことが起きるかというと、恋愛で大切なのは「感じるままの鮮やかな感受性」であり、理性やロジックで結論づけられないような、「自分の中の生まれたての感覚そのもの」だからです。恋愛の際は仕事のときのようにきちんと説明し、起承転結をつけて話すよりも、もっとうれしいことや、職場では話せないようなつまらないことのほうが、楽しみながら話せることもあります。

昨日見たテレビが楽しかったね、自分も見たよ……そんなふうに他愛なく笑いながら、結論のない話をただ楽しむことで、愛や喜びが伝わります。このテレビを○○のきっかけで見た結果、このように分析し、このような感情が出てきて、こういう学びを得て、こういう結論を出すことができました……なんて、言う必要はないのです。

疲れていたら、「疲れてるから抱きしめてほしい」という素直な感情のままでいい。寂しかったら「一緒にいて、もっと側で何かしようよ」という気持ちのままでいい。あなたと一緒にいられてうれしい。楽しい。もっと話そうよ、もっと綺麗なものをたくさん見て、もっと美味しいものをたくさん食べて……。

辛いときは私が抱きしめてあげる。悲しいときは、私が一緒に泣いてあげる。

一見、「知性的」ではないですし、「ロジカル」でもありません。

けれど、この赤ちゃんのような手で相手の存在に手を伸ばす感覚を自分に許すことができたら、「条件や理性を超えたところでお互いの存在を感じ合う」というダイレクトな親密さを生み出せるようになるのです。

そのためには、「大人の女性」としてのあなたの仮面を取り去り、「大人の女性ではない、感情をもった素直な自分」を普段から感じるようにしてみましょう。

泣きたかったら泣いていいよ。疲れていたら休んでいいよ。寂しいときは私が抱きしめてあげる。つまらないときはどこかへ遊びに行こう……こんなふうに、心のままに自由に求める自分自身がいることを許し、その自分の欲求をきいてあげる時間をつくってみてください。

男性に対する素直さというのは、「男性に対して生み出すもの」ではなく、まずは「自分自身に対して感じられるもの」です。

普段かぶっている「こうあるべき」「私はこうしなければならない」という仮面を取り去り、まずは自分自身に対して素直になることができたとき、その素直さは自然と外側の人間関係へと反映させることができます。あの女性は素直だね、と羨むのではなく、その素直さはあなたの中にも存在しているということを許していきましょう。

ワーク：自分の素直な感情のままにふるまってみる

第3章

もっと会いたい！と彼に思わせる「女性性の魔法」

この章でお伝えしたいこと

潜在意識レベルで「男性」を受け入れる

恋愛で重要なことは、「相手がいる」ということ。

実は自分の自己価値を高めるだけでは、恋愛はうまくいきません。

なぜなら実際におつき合いをする・結婚するということは、自分の世界に居続けるのではなく、「二人の世界に住む」ことだからです。

しかし、多くの人が愛されるために自己価値を高めたり、美しくなる努力をする「自己完結の世界」で立ち止まってしまっています。そのため、容姿や外側の条件をほめられたり、声をかけられることはあっても、親密に愛し合うというところまで到達できずにいるのです。

本来、愛は、「潜在意識が相手と関われてはじめて、引き寄せられるもの」。

「彼氏がいないから実際に男性とどう関わっていいか分からない」ではなく、彼氏ができる前から潜在意識で男性を受け入れることで、結果的に、「深く関わり合えるような男性を引き寄せられる」ようになっていきます。

ここで一つワークをしてみましょう。

たとえば、あなたはあなたの運命の人が、今この瞬間、運命の女性であるあなたに会いたいと思い、辛いこともある中で、必死にがんばっている姿を思い浮かべることができますか？

そして、その彼が「あなたに会いたい」と切望しながら、あなたを将来幸せにするために働き、お金を貯めてくれている姿を想像することができるでしょうか？

もしも想像することができたとしたら、その姿に感動し、心からの感謝を伝え、彼の誠実な想いを受け入れることができると思います。

このように、「今は彼がいない」という状況にとらわれるのではなく、今この瞬間男性を受け入れてしまうことで、現実でも、男性はあなたに「受け入れられている」と感じられるようになるんですね。ここでは、「男性と愛し愛されるあなた」へと、蛹から蝶になるように脱皮していきましょう。

あなたのままでいるからこそ、愛される

私たちは、「このままの私を愛してほしい！」と願いながらも、「ありのままの自分では愛されない」という現実を、自分自身でつくってしまっているんですね。

料理が上手ではないから愛されないだろう。

ゲームが好きだから、きっとそのままの自分では愛されないだろう。

他にも、太っているから、年齢が、容姿が、学歴が、過去が……あらゆる「愛されない制限」を自らつくり、その枠に自分から飛び込み、愛されない現実を創造しています。

もちろん、それらの「こうであったら愛されない」という思い込みは、過去のトラウマが原因になっています。

なぜなら過去、私たちが子供の頃にありのままの自分では親から愛されなかったからな

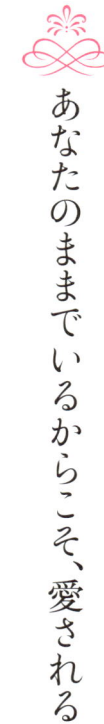

んですね。遊んでいれば、それをのびのびとしていていいねと喜ばれることよりも、「勉強しなさい」と怒られることのほうが多かった。ゲームをしていれば、「一緒にゲームしよう！」と遊んでくれるよりも、「そんなことばかりしていて！」と否定されることのほうが多かった。

苦手なことがあれば、「そっか、それは苦手なんだね」と自分を受け入れてもらうよりも、「どうしてできないの！」ととがめられることのほうが多かった。

こうした経験が積み重なった結果、いつのまにか、

「自分がやりたいことをしていたら愛されないんだ」

と思い込むようになり、その結果、

「じゃあ、愛されるために、他人に合わせて自分を押し殺してがんばろう＝愛されるためには、自分でいてはいけないんだ」

と思うようになってしまったのです。

幸せの数はさまざまあり、それは「自分の幸せ」であっていいんですね。
ここは、完全にパーソナルなものでいいのです。

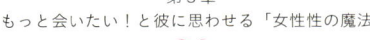

たとえば、ある受講生は、渋栗の渋を何時間もかけて抜いて、お菓子をつくるのが趣味でした。何時間もかけることが「彼女にとっては」楽しいんですね。そんな彼女にとっては、お菓子づくりをしたり、ダイエットして細くいろと命令するような男性は天敵です。

でも、その自分だけの喜びを認めることができずに「もっと痩せなければならない」と思っていたときは、彼女に対して「さぼらずにダイエットしなさい」と指摘するような男性ばかりを引き寄せてしまっていました。

自分自身が自分の喜びを認めていなかったため、自分の心の通りに「もっと無理をするようなことを強要する男性」を引き寄せてしまっていたのです。

これはダイエットに限ったことだけではなく、「喜びを禁止している」ことがあればあるほど、それを禁止するような男性が引き寄せられてきます。

もっとしっかりしなければと思っていれば、「もっとちゃんと掃除したり食事をつくったりしなよ」と厳しく要求する男性が引き寄せられます。

自分が自分に対して「ゲームが好き」「ダラダラ過ごすのが好き」ということを許可していないからこそ、それを指摘するような人が引き寄せられてしまうんですね。

しかし、こうして自分を押し殺して大人になっても、報われることはありません。
むしろ、もっともっと求められたり、さらに都合良く他人から扱われてしまったりと、自尊心を失うことのほうが増えてしまうのです。

そして、無理して、他人にばかり合わせている自分を見せているからこそ、本当の自分を理解してくれる人も、気遣ってくれる人にもめぐり合えない……。

こうした「自分を押し殺す」先には、ただ「ウソをつき続けて相手に合わせながら疲れ切ってしまう」という、ひたすら生きづらい現実しか生まれないんですね。だからこそ、少し怖かったとしても……まずは自分でありのままの自分を認めてあげることが大切です。

親がいけないと言った。でも私はゲームをすることがとても好きだし、何よりもこの時間をもつことが自分の人生にとっての幸せなんだな。

親がダメだと言った。確かに私は料理が苦手だけれど、できないことがあってもそれは自分の個性だからいいことなんだな。

そんなふうに、自分の「特性」を認めた瞬間に、その特性が自然に魅力となり、そんな自分を愛してくれる人にめぐり合うことができるのです。パートナーにとっては、料理が苦手な子が、自分のために一生懸命料理をつくってくれるご様子は、とても愛しく感じられることでしょう。

一緒にゲームをすることも、「同じ趣味だね」と喜んでくれることでしょう。

親が違うと言った。ダメだと言った。でもそれが、パートナーになる男性にとっては、かけがえのない魅力や愛らしさになっている。

このように、「親の価値観は、パートナーとなる男性の価値観とは違う」ということを理解することが、何よりも幸せな現実を引き寄せる軸になっていきます。

親の意見を鵜呑みにしていた、ということを認め、「親が違うと言ったけれど、でも私は私なんだ」と思う瞬間は、怖さもともなうかもしれません。なぜなら、こうした「親の価値観との切り分け」が、精神的に親から自立するということだからです。もちろん、親の言う通りになれなかった自分を認めることは、まるで親を裏切ってしまうようないたたまれない気持ちになることもあるでしょう。

けれど、こうした怖さや罪悪感をやさしく手放し、「でもね、お母さん、お父さん、こ

れが私っていう人間の個性なんだ」と言えたとき、生まれてはじめて、あなたは「親のもの」ではない、「あなたという一人の独立した女性」として、「パートナーに愛される準備の整った一人の女性」として、この世界に存在することができるのです。

親の価値観を手放した先には、必ず、そのままのあなたを愛してくれるパートナーが待っています。あなたが結婚する相手は、親ではありません。どうかそのことを心から信じてあげてください。親の価値観を手放したとき、パートナーが現れる。これは、すでに多くの受講生が体験しています。

「私にもこんな未来が訪れる」と、あなた自身にやさしく教えてあげてくださいね。

あなたは、もうとっくに、あなたのままで愛されてよかったのです。

ワーク：親が禁じた私をのびのびと自由に生きる

「私は男性が好き」と言える女性ほどモテる

私たちは子供の頃は「子供」というくくりで生きています。けれども、実は子供の頃から、私たちの中には「女性としての自分」が存在しています。

つまり、どんなに小さな子供だとしても、きちんと女性性をもっているんですね。

けれども、父親に厳しく育てられたり、男性に辛く当たられたりすることによって、子供の頃、この「女性としての自分」が傷ついてしまうことがあります。

たとえば、「お前は本当に可愛くないな」という言葉であったり、同級生の男の子に虐められたり、悪口を言われたりという体験であったり……。ちょっとした心の傷に過ぎないのですが、実は、大人になってからも、私たちはこうした言葉に縛られながら生きてしまうことがあります。私は可愛くないんだ、というショックと絶望と、「男性から相手にされないんだ」という悲しみでいっぱいな気持ち。

そしてそのまま大人になってしまう……。

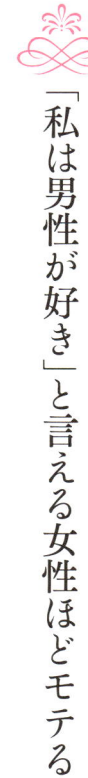

ここで大きな問題になるのが、実はこうした子供の頃の心の傷を放置してしまうことで、それがやがて無意識的に「男性そのものに対する恨み」に変わることがあるんですね。

つまり、やさしくしてくれなかった父親や同級生に対する想いが、すべての男性に対する恨みにすり替わってしまうのです。

そして、大人になってからも恨みが晴れず、いつも男性を見下そうとしたり、ライバル視して競ったり、態度で攻撃したり、嫌味を言ってプライドを傷つけて「私が上だ」と満足したり……。これは完全に無意識的なクセなのですが、これがあることによって、あなた自身が男性を自分から遠ざけてしまうのです。

けれど、本当は愛されたいし、大切にされたい。もう争うことなんてしたくない……。その想いを少しでももっているのならば、それを優先してあげましょう。そして、今目の前にいる相手は、子供の頃にあなたを傷つけた相手とは違う、ということを冷静に観察してみてください。

あなたの目の前にいる男性は、昔あなたを傷つけた男性と似ていると、あなたが過敏に反応してしまっているだけかもしれないのです。むしろ、「男性だ」という以外、共通点すらないかもしれないのです。

思い込みで世界を見てしまうと、そこで自分の可能性や人とのつながりを断つことになってしまいます。ですから、昔の心の傷をつけた相手と、今この現実の世界を切り分けてあげるようにしましょう。

そのためには、傷ついたままの、小さな子供の頃のあなたの女性性を、癒してあげること。癒しとは、自分の思いを認め、受け入れ、肯定することです。

悲しみは悲しみのまま、憎しみは憎しみのまま、ただ小さな子供を慰めるように、過去傷つけられてそのまま傷を負っている子供時代のあなた自身をやさしく抱きしめてあげましょう。

「こんな酷いこと言われたの……傷ついて苦しかったね」
「女の子なのにね、厳しく接してこられちゃったね……可哀想だったね」

こんなふうに、あなたの子供時代の心の傷は、その感情を今のあなたが受け止めてあげることで、癒すことができます。痛みは認めてあげることで、やがて解放されていくんですね。あなたが過去の心の傷と今を混同しなくなったとき、あなたの中の男性に対する無差別な攻撃性が消えていきます。

その上で、「今、目の前にいる男性の素晴らしいところ」を見るようにしてみてください。

たとえば、女性や子供、老人に対して、とてもやさしく接してくれる男性もいます。人一倍努力家で、他人の努力を尊重できる男性もいます。過去傷ついたからこそ、誰に対しても思いやりがある男性もいます。

男性はあなたにとって「やっつけるもの」ではなく、「あなたと理解し合い、あなたと一緒に人生をやっていく」パートナーです。今、相手を追い払う手を緩めて、あなたの手で男性を抱きしめる準備をしていきましょう。

ワーク：積極的に男性の素晴らしさに目を向ける

好きな人にいつもライバルがいる理由

好きな人にはいつも彼女がいて……。

どうしていつも奪われてしまうの？

「愛する人から一番に愛されない」という深刻な悩み。

実はこの悩みは、どんなにがんばって自己改善しても、自己価値を上げても、「好きな人を奪い合う」というパターンとしてくり返されがちです。

なぜかというと、この理由も潜在意識にあります。女性同士においてお互いの心の中に「愛を得るための競争・主導権争い」があると、それがそのまま現実化してしまうのです。

マウンティングという言葉が流行しましたが、あなたの周囲にも、「どっちが上？」とあなたを値踏みする同性はいませんか？

それが身内であっても、相手は攻撃をしかけて、あなたに乗ってもらいたがっています。

あなたがカッとなって、食いつくのを挑発的な態度で待っています。でも、それに乗ってしまったら最後、「愛ではない闘争」に巻き込まれてしまうのです。

もしもあなたに対してライバル争いをしかける人がいたとしたら、「この思惑には乗らない」とはっきり感じながら、さらっとその場から離れてみましょう。

そして、そんなときほど、あなたのプライドは後回しにして、「負けてもいい」と思ってみてください。相手の女性には「勝った」という高揚感を抱かせるかもしれませんが、実際に愛されるのはこうした争いに勝っている女性ではなく、「穏やかに男性を愛せる女性」です。

女性同士の争いから一歩引いて負けることを選び、「本当にやさしくされたり、愛し合ったり、心で関わり合いたいな」と思えたあなたの元には、その気持ちにふさわしい、「深く愛してくれる彼」がやってくるのです。

ワーク：女性同士のライバル争いは、自分から降りる

今よりもっと愛されるためにできること

愛する人からもっと愛されたい……。でも、なんだかいつも親密になれないし、片思いのまま終わってしまう……。すごく愛してくれる彼がほしいのに、でも冷たい男性ばかり引き寄せてしまう。

こんなふうに、「なかなか深く愛し合えない」というパターンに悩んでいる女性は多いと思います。

なぜ、望んでいるのに愛されない現実がやってきてしまうのでしょうか？

それは、あなたの潜在意識が、今までの自分がもらえている愛情以上のことを許可できていないからなんですね。

実は、男女関係なく、ほとんどの人が、今まで「親から愛された分だけ愛される」ことを自分に許しています。これは無意識のため、頭で理解している人はほぼいらっしゃいません。

でも、実際には、たとえば子供時代、仕事が忙しくて親があまり一緒にいられなかった場合、「親が自分をみてくれないことが自然」になってしまい、その結果、「少ししか愛してくれない男性」や、「親と同じように仕事が忙しく、一緒にいてくれない男性」と引き合ってしまうのです。

こんなふうに、私たちはいつのまにか、親から愛された分だけ愛されていいという許可を自分に出してしまっているのです。けれども、決められた量の愛情だけしか許されなかったとしたら……ずっと寂しく、ずっと我慢する人生になってしまいます。

こんなときは、あなたの潜在意識に「もっと愛されていいんだよ」ということを教えてあげることが必要です。でも、親が愛してくれることは望めません。ではどうすれば潜在意識を変えることができるのでしょうか？

それは、「自分が親代わりになって、親以上の愛を自分に注いであげること」です。

たとえば、親が自分のことを一番に優先してくれなかった……という場合は、「自分が自分のことを一番に優先する」ということを心がけます。いつも自分のやりたいことを優先し、自分のほしい物を自分で与える、というようにです。

親が自分のことを見てくれなかったというときは、いつも自分の状態に敏感になり、「どうしたいの？ 今はどんな気持ち？」というように、常に自分に注意を払ってあげます。こうして「一番に自分のことを考えて愛する」ことで、あなたの潜在意識は、「愛される量」の限界を突破し、一番に優先され愛される現実を手に入れることができるようになるのです。

これまで親子関係が悪かった女性たちも、自分が親代わりになり、親以上に自分を愛した結果、「親よりも愛してくれる人」を見つけることができました。

「親から愛された分だけ愛される」というルールをもう守る必要はなく、あなたは「一番愛される人」としてこの世界に存在していいのです。

ワーク：自分が自分の親代わりになって、一番の愛を与える

オトコの愛したい欲求は、あなたの弱さから引き出される

私たちの感覚や感性というのは、実は私たちの肉体と密接につながっています。
たとえば、うれしいと心から感じるとき、体温が上昇し、体の感覚が軽くなり、ふわっと浮かび上がるような高揚感が湧きあがる……。
これは、私たちが「頭で何かを考えている」のではなく、潜在意識のレベルで自分の感情を「ありのまま、制限なく自由に」感じている状態なんですね。

男性が惹かれる女らしさも、実はこの「ふわっとした状態」でできています。

ただ頭で考えて自分を女性らしくするのではなく、こうして肉体のレベルから自分の「女性らしさ」を感じてあげることで、潜在意識レベルで「男性にはない美しさ」を一気に花開かせることができます。

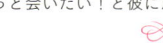

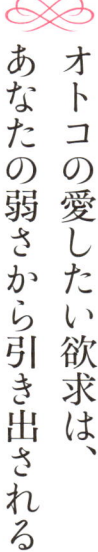

そこで、この男性が惹かれるふわっとした感覚を開くために効果的なワークは、「今まで自分が感じてきた心の傷や苦しみをありのまま感じ、そうやって傷ついてしまう自分を受け入れること」です。

私たちは、心が繊細だからこそ……あらゆることに傷ついて動揺してしまったり、愛に破れて苦しみを感じたりします。これは、自分が純粋な「心」をもっているからこそ。つまり、傷つきやすい女性的な感受性をもっているからこそ、起きることなんですね。

気が強く、相手に対していつも抵抗して「なによ！」と言い返せる人は、こうした細やかな感受性よりも男性らしさや攻撃性が優位になっています。

心の傷が深いあまり、自分を守ろうとし、女性らしく柔らかい自分を見せまいと、自己防衛してしまって男性化しているのです。

けれどもその反対に、傷ついた自分を認めることで、些細な出来事に心が震えてしまう自分がいることを受け入れ、その自分を丸ごと受け止めながら癒してあげる……。

そうすることで、私たちはもう一度自分の感受性を認めるとともに、女性としての自分で生きられるようになります。

たとえば、あなた自身が、愛を差し出して受け入れてもらえない過去があったとしても、そのことに抵抗して相手と闘うのではなく、傷ついてしまった自分を、ただありのままに感じてあげることが大切なんですね。

愛しているからこそ、そんなに傷ついてしまったいたいたいけな自分……。
繊細に相手のことを考えていたからこそ、心が動揺して震えてしまった自分……。
痛みを感じながらも、でも愛を伝えたいとけなげになっていた自分……。

こうした自分を無視するのではなく、「感受性があったからこそ、こんなふうに傷ついてしまったのね」とやさしく受け止めて泣いてあげることで、私たちは自分の繊細な感性=女性らしさを認め、潜在意識のレベルで「男性と闘うのではなく、男性からいたわられたり、大切にされたりするのを許す」ことができるようになります。

そして、男性側も、弱く、儚く、守ってあげなければならないあなたに「オトコとしての守りたい気持ち」を感じられるようになるのです。

この繊細な女性を、助けてあげたい。

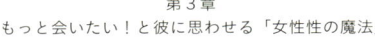

あなたはそう思われて、守られていい存在なのです。

そして、傷つくことがある反面、こうした感受性をもっているからこそ、私たちは美しいものに感動したり、人の愛情に涙することもできるようになっているんですね。

花を見たときに、美しいと感じられる気持ち……。
空を見上げたときに、綺麗だと感動できる気持ち……。
愛する人を想って、その人への想いに涙することができる気持ち……。
そのあなたを見て、男性は「ああ、自分にはない感性をもっている素晴らしい人だ」と、「女性としてのあなた」に惹かれる……。
その綺麗な感性を分けてほしい。その綺麗な感性に触れていたい。その柔らかい心の側にいたい。そう願うようになるのです。

こうして自分の感受性に触れていくと、今まで頭で考えるばかりで気づかなかった女性的な感性にどんどん気づいていきます。その姿がとても美しいのです。

「こんなことしたって変わらないよ！」と自分の行動を馬鹿にするでもなく、「こんなの私らしくない（笑）」といって自分をあざ笑うのではなく、「私はガサツだし」と自分を諦めるでもなく。ただただ、繊細な自分がいるということを、真剣にありのまま受け止めてあげるということ……。

今まで気づかないふりをしていたけれど、本当はとても繊細で傷つきやすい自分＝女性としての自分がいるということが自覚できるようになり、強がったり戦ったり自分から攻撃をしかけるクセを自動的にやめることができます。

ああ、私は本当は美しかったんだ。こんなにも繊細な女性だったんだ、今まで無理をさせていてごめんね、今までほったらかしにしておいてごめんね、というたくさんの涙と気づき……。

こうして「緩んだ」気持ちを感じられたときの女性の顔は、今まで我慢したり強がったりがんばっていた表情ではなく、ありのままの自分を受け止められた、本当にやさしく、繊細で女性らしい「本来の輝ける表情」へとみるみるうちに変化していきます。

これこそが内側からあふれ出す、「本質的な女性としての美」。

このように、自分の感受性ごと自分を「女性なんだ」と受け止めることで、私たちは本当の美を潜在意識のレベルで開花させることができるようになります。

あなたは普段、いろんなことと戦ってしまって、感じることを抑えてばかりいませんか？

あらゆることを感じる「感性や心」をもっている自分にあなた自身が気づき、許してあげていますか？

すでに、あなたの中には美しい感受性が眠っています。どうかあなたの美や感性から目を背けるのではなく、感じることに正直になってあげてくださいね。

あなたがあなたの感性をありのまま認めることができたとき、あなたがもって生まれた女性としての美は内側からあふれるように輝いて、男性から「この人を守ってあげなければならない」と思われるようになることでしょう。

ワーク：女性らしく素直に生きてみる

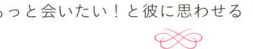

愛が伝わる女、愛が伝わらない女

ここに、二人の女性がいます。二人とも、容姿や条件はとても似ています。そして、彼女たちはそれぞれ、「残業が辛いので、減らしてもらえるように上司にお願いをする」ということをしたところ、一人の女性は、それを快く受け入れてもらうことができました。しかし、もう一人の女性はきっぱりと断られてしまいました。

二人の条件は同じです。しかし、なぜ「受け入れてもらえる人」と「受け入れてもらえない人」が出てきてしまうのでしょうか？

実はここでとても大切なポイントがあります。

うまくいっている人を見て、「伝えれば伝わるのね！　じゃあ私も伝えてみる！」というように安易にコミュニケーションしてしまうと……実際には、相手から断られてしまったり、嫌われたり、さらに怒られたり、否定されたりすることのほうが多いんですね。皆様のご相談でも、「素直に伝えたのに伝わらなかったです」「余計に怒らせてしまって」という悩みをたくさん頂戴しています。

では、伝えることで受け入れてもらった人と、伝えたのに断られてしまった人との違いはどこにあるのでしょうか？

それは、潜在意識の中にある「信念」が関係しています。

たとえば、自分が伝えたとしても断られてしまったという人の心の中では、

＊どうせ私なんて言ったたって聞き入れてもらえない
＊過去にもダメだったし……今回も無駄なんじゃないか？
＊そうはいっても、私には価値がないから……
＊自分の感覚が間違っているかもしれない
＊また次も「やっぱり断られた」って思うんだろうな

などの信念（＝思い込みや思考パターン）が存在しています。

現実は私たちの行動ではなく、私たちの潜在意識に呼応して変化していきますから、どんなにがんばって伝えたとしても、心の中でこうした思い込みをもっていたとしたら、最

終的には思い込み通りの現実が現れてしまうんですね。

「どうせあなただって愛してくれないんでしょ」「甘えさせてくれないんでしょ」という諦めがあることによって、相手を決めつけ、その結果、潜在意識のレベルで「あなたは私にやさしくなんかしてくれない」「ほらね！　この通りでしょ！」というような攻撃を行っているのです。多くの方が「実践しても現実が変わらない」となってしまうのは、この思い込みに引っ張られているためです。

こうしたときどうすればいいかというと、「自分自身がどう思い込んでいるのかを見つけ、そして思い込むきっかけになった過去の記憶を癒し、その上で思い込みを書き換えていく」ことです。

「言っても断られた」という過去があるのならば、言って断られたそのときの自分に、改めて新しい価値観を植えつけてはじめて、思い込みを書き換えることができるんですね。

もし子供時代に母親に断られていた体験があるのならば、そのときの自分自身に戻り、

＊お母さんは聞いてくれなかったけれど、他の人は聞いてくれる

＊お母さんはとても忙しくて、そのときは聞けなかっただけかもしれない
＊自分の言い方は伝わっていたか？　伝わらなければどんな言い方が適切だった？
＊そのときに伝えたことを、他のやさしい人に伝えたらどんなふうに変わるだろう？

こんなふうに母親に否定される以外の、「受け入れてくれる他人」のイメージへと置き換えてみます。

同時に、忘れてはならないのが、「他人に積極的に愛を与えたい」気持ちをもつ人を、積極的に受け入れていくということです。

やさしくしてあげたい、助けてあげたい、守ってあげたい、心から大切にしてあげたい、喜ばせたい、少しでも自分が貢献して役に立ちたい……。こうした相手の欲求を「どうせそんなこと思ってくれてないでしょ」と真っ向から否定せずに、相手の愛したい欲をあえて進んで受け入れるのです。

あなたは愛したいって思ってくれているんだね。じゃあ、私もあなたがそう思ってくれていることを信じるし、あなたがやさしくしたいと思ってくれている気持ちを信じて、お願いするね。

心の奥で、こんなふうに相手を最初から受け入れてみるんですね。

こうすることで、「相手が愛したいと思っている気持ち」を受け取ることもできるようになりますし、「自分自身も愛されていい」と許可を出せるようにもなります。

こうした結果、「断られる」という以外の現実が起きることも許可することができます。この許可があることで、私たちは「言ったら断られる」以外の現実を起こすことができるようになるんですね。

こんなふうに凍りついたあなたの潜在意識を動かしてあげることで、どんどん新しい現実を起こせるようになるのです。心の中と現実。潜在意識と自己表現。自分の気持ちと相手の気持ち。その両方を大切に、あなた自身をどんどん新しい可能性に開いてあげましょう。

ワーク：受け入れてくれる他人をイメージしてみる

自分を愛さない男性を追いかけてしまう心理

本当は、自分を愛してくれる人を好きになって、幸せな人生を送りたい。

そう願っているのに、「自分を愛さない人」ばかりを好きになり、結果的に愛されない人生を送ってしまう人がいます。

こうしたとき、苦しいのは本人が一番ですが、周囲から見ても「どうしてあんな男性を追いかけちゃうの?」と不思議に思われていることもしばしば。

なぜこうしたことが起きるかというと、「自分を愛さない男性ばかりを追いかけている」人の中には、その本人しかわからない妙なこだわり=逆制限があるからです。

ここでの「逆制限がある」とは、「苦しいけれどこうしなければならないんだ」という、あえて自分が辛いと分かっていても、自分を駆り立てながら無理にその制限にこだわり続ける姿勢のことです。でも、周囲はこんな制限がありませんから、「どうしてこだわらなきゃいけないの？」というように温度差が生まれてしまうんですね。

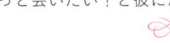

けれど、なかなかやめたくてもやめられないのがこの逆制限です。

人はそもそも、自由な発想や自由な考えを許されています。

けれども不幸な現実を歩んでいるときは、潜在意識の中で「自分で自分のことを自由に認める」ということをあえてしていないんですね。

つまり、「私は私にもっと自由でいいよと言いたいけれど……でもしない」ということが起きていて、その裏には、「なぜしないのか」その理由があるのです。

実際に例を挙げていきましょう。

私は太っているから女性としてダメだ、というふうに自分の価値を認められないクライアント様がいらっしゃいました。そして、こういったことを指摘する人ばかりとおつき合いをしてしまっていたんですね。

本当は彼女は、少しふくよかでもたくさんの魅力をもっています。人に対するやさしさ、共感能力、ユーモア、思いやり、家庭的なところ、気遣いができるところ等々……。

一緒にいると心地良く、いつのまにか楽しくなってしまうほど、素晴らしい影響力をもっていました。でも、彼女自身はそれをまったく認められず、「自分はデブだから全部ダメだ」というふうに感じていたんですね。

実は彼女には、彼女を「太っている」というふうに馬鹿にする父親がいました。彼女の人生で彼女を馬鹿にする人は他に誰もいませんが、彼女の父親は、唯一、女性の外見にとてもこだわりをもっている人で、あらゆる女性に対して、「綺麗だ、ブスだ」ということばかりで判断していました。

本来ならば、「彼女が悪い」わけではなく、その父親が「女性の外見に必要以上に執着してこだわっている人」に過ぎないのですが、彼女自身が自分の父親から評価されたい、と思っていたため、

「私は父に評価されない……だから魅力的ではないんだ」

と、たった一人からの判断で、自分のことをジャッジし、そして苦しんでいたのです。

その結果、「父親と同じように、容姿ばかりを気にする男性」にばかりこだわり、その人たちに無理矢理評価してもらおうとがんばり続ける恋愛パターンを続けていました。

そこまで、父に評価されないことが彼女の苦しみになってしまっており、潜在意識は「父のような人に評価されたい」と願い続けてしまっていたのです。

このように、自分を評価しない「誰か」にこだわっている限り、自らその「誰か」に支配されにいってしまい、自分で自分の価値を認めることはできません。つまり、

1　評価してくれない相手に執着してすがっている
2　相手の評価を全面的に受け入れ、相手の意見がすべてになっている
3　その結果、「その相手に評価されない私はダメだ」と決めつける

ということが起きていたんですね。

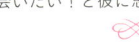

本来ならば、あなたのことを評価してくれる人はたくさんいます。けれども、あまりにもその相手にこだわってしまっているため、その相手からの評価が自分の評価のすべてになってしまい、他の意見も取り入れることができなくなってしまったのです。

その背景には、相手に認めさせなかったら自分は安全ではない、という気持ちや、相手に負けたくない、というマイナスの気持ちが隠されています。

それゆえに、自分を傷つけるような相手にこだわるしかなかったのです。

こうした場合、自分を認めることをがんばるのではなく、自分を認めてくれない相手にこだわり執着して、相手の支配に自分から入っていくのをやめることが大切です。

執着をとるにはどうすればいいかというと、以下の3つが考えられます。

選択肢1　**相手にこだわりたくない、と相手を全否定する**
選択肢2　**まだまだ相手にこだわりたいので、相手の思い通りにする**
選択肢3　**相手にこだわっていながらも、辛いので他の人と関わる**

人は「納得」の生き物です。納得しないことを他者から言われたとしても、「でもやっぱり私はどうしてもこれをやりたいの！」となってしまい、そこから離れることができなくなります。

ですから、とことんその「自分が相手に執着しているんだな、やっぱり心は傷つき、ずっとこだわっていたんだなあ」ということを理解し、受け止め、受け入れ、そして、「執着しているけれど、でも本当は私はどうしたいんだろう？」と、納得する選択を再度してみることが大切です。

たとえば、前例の父親にこだわっている彼女の例だったら、「私は父親にこだわっているんだな……」という自分を認めながら、

選択肢1　**父にこだわらず、もう会わず話さず関わらないようにしよう**
選択肢2　**父にこだわっているからこそ、父から評価されるために、父の評価基準に自分を合わせられるようにがんばって痩せよう**
選択肢3　**私は父のことが好きだからこだわってしまう。けれども外見で判断されるのは辛いからそのことに対してはきちんと主張しながら、父とは違う「外見にこだわらない人」とつき合うことを選択しよう**

というようことを自分で選ぶことができます。


「まったく愛していない、これから関わらなくてもいい」という相手なら選択肢1を。

「強制されるのは辛いけれど、でも辛いこと以上に相手のことが好きだから、相手の思う通りにしていきたいな、だからがんばろう」と思うのであれば選択肢2を。

「愛して大切にしているし、これからもつき合いを続けていきたいけれど、でも強制される部分だけは苦しいので、相手を変える目的ではなく、自分が自分の心を守るためにイヤ

だとだけ伝えよう」と思うなら選択肢3を。

このように、あなたは「自分がその人との関係を続けるかどうか」を自分で選ぶ権利をもっています。そして「自分でどうするか、納得して選ぶ」ことで、相手が100、こちらが0にならずに、自分を押し殺すことなく、相手から支配されることなく、自分の心を守れるようになるんですね。そこには「私がいいと思った選択肢を自分で選んでいる」という納得があるためです。

こうして丁寧に自分の心に寄り添いながら、納得できることを再選択していくことで、「どうにかして自分を愛さない人に自分を認めさせる」「そのために、あえて自分を愛さない人にばかりこだわってしまう」というようなパターンが変わっていきます。

男性を好きになるということも、このように、私たちは潜在意識の情報を元にして選択しています。潜在意識がいつまでもこだわりをもっていれば、「どうしてか分からないけれど、でも自分を痛めつける男性しか愛せないの」というように、悲痛な人生をくり返すことにすらなってしまうんですね。

これはとても恐ろしいことです。けれど、この不幸は幻想です。

私はもっと愛されていいし、愛に生きていいし、愛さない人を追いかけなくていい。愛だけを受け入れていい。今この瞬間にやさしくされていい。今この瞬間に大切にされる価値ある存在なんだ。

そして、私を愛さない人に愛されなかったとしても、私を愛してくれる人を選択すればいい。

私はほめられていい。私は抱きしめられていい。私は気遣われていい。もっとやさしくされ、丁寧に扱われ、機嫌をとってもらい、できないところは助けてもらう。

こんなふうに、大切に愛されているあなたの、幸せな感覚をイメージしてみましょう。

あなたは今すぐ、こうした温かい関係を受け入れる自由があるのです。

ワーク：自分を愛してくれる人だけを受け入れる

仕草、視線、話し方……「愛される私」を先につくってしまう

愛を得るときに欠かせないのが、リアルな交流です。私たちは愛し合うとき、ただ言葉のやり取りや思考で会話をするだけではなく、実際に「愛しい人をなでたり」「好きだよと抱き合ったり」「愛する人をじっと見つめたり」という「言葉以外で、肉体で会話をする」ということをします。

言い換えると、愛されるという現実をつくるためには、ただ思考で考えて「愛される自分を想像する」だけではなく、こんなふうに見つめ合ったり、抱きしめ合うための恋する肉体をつくっていくことが大切なんですね。

それではここで、想像してみてください。

あなたは心から尊敬できるような男性と知り合い、その男性とおつき合いをするかどうか、という直前までいっています。そのときのあなたを想像してみましょう。

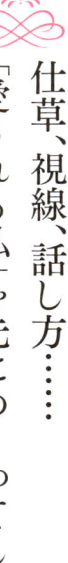

あなたはどんな状態でしょうか？

体の軽さや状態はどうですか？

姿勢はどうですか？

歩き方はどうですか？

目の開き方は、絶望しているときに比べてどんなふうに違いますか？

呼吸は焦っているときと比べて、どんなふうにゆったりしているでしょうか？

愛を目の前にしたあなたは卑屈な言葉を言っているでしょうか？

それともそれ以外の言葉を言っていますか？

どんなことに興味をもち、どんなふうに自分を表現しているでしょうか？

ファッションはどうですか？　今とは違う服装をしていますか？

何を食べ、どんな雑誌を読み、どんな音楽を聴き、どんなふうに眠りにつき、どんな生活をしているのでしょうか？


「愛されない状態」から「愛される状態」へ変化させるためには、「実際に私たちの体の状態を変化させる」ことが一番です。つまり、恋する体を先につくってしまうのです。

こうして「そのときの自分の状態」を具体的にイメージすることは、頭の中で相手のことを妄想するイメージングとは異なり、自分の肉体や感覚までも瞬時に変化させてくれます。胸がときめいたり、相手から見つめられたときは恥ずかしそうに目をそらしたり……。

こうした「全身で味わう感覚」はよりリアルに、愛し愛されるという状態を感じさせてくれます。

私たちは、肉体がなければ、決して生きることはできません。

そして、肉体も含めてイメージングしていくことによって、あなたの中に「実際に愛されている状態」を感じるエネルギーが生まれ、そのエネルギーが軸となってあなたの現実を変えていくことができるのです。

たとえば、ときめきを感じているときのあなたの瞳の潤み方。

これは、つくり出そうと思って努力してもつくり出せないものです。しかし、こうして潤んだ瞳で過ごしている女性を見て、男性は「女性らしい、幸せそうな瞳をした魅力的な人だな」と思うでしょう。

たとえ愛をこれまで感じたことがなかった人も、「愛を得たらどんなにうれしいだろう！どんなに楽しいだろう！」と想像することはできますね。

その解放感、その楽しさ、うきうきする感じ、胸の高鳴り、血流の流れ、呼吸、瞳の輝き……。この状態は、明らかに、愛されていない、苦しい状態とは異なります。

このようにあなたの生命エネルギーが活性化されている状態こそ、「愛されている」状態なのです。これは残念ながら、「演技」では生まれないエネルギーなんですね。

こうして先に「愛されている状態」をつくってしまうと、その状態に合わせて、まるで引き上げられるかのように、後から現実がそこに合わせてどんどん変化していくんですね。

人は現実を心の側面から変えることも、肉体のエネルギーの側面から変えることもできます。


この「全身で感じる」ことができるようになれば、あなたの現実はあなたがつくり出すエネルギーによって、どんどんと変化していきます。私たちの心と肉体は、切っても切り離すことができません。

恋をすることも、生きることも、あなた自身を感じること。愛されているあなたをもっと感じ、愛されているあなたになり、そのあなたのエネルギーで愛される現実を引き寄せる。こんなふうにパワフルにあなた自身の人生をつくり出していきましょう。

ワーク：肉体全体で「愛されている状況」を味わう

第4章

男性と愛し合う私になれる「超引き寄せの魔法」

この章でお伝えしたいこと

出会う前に「愛し、愛される自分」を先取りする

男性と愛し合うバラ色の未来を引き寄せるために最大のネックとなるのが、「二人でいる生活を想像できない」こと。実は多くの人が、「永遠の愛」を願っているときは、「その未来が（まだ来てないけれどいつか）訪れないかな……」と、ただ妄想するだけになってしまっているのです。

すると、いつか愛されたらいいな……と願いながらも、なかなか叶わない、出会えない、結果がでない現実が続きます。なぜなら、私たちの潜在意識は、「今この瞬間の心の状態」を継続する性質をもっているからです。

「こんな素敵な愛がほしい」とうらやんでいれば、「素敵な愛をうらやみ続ける」という心の状態が未来と響き合い、「自分だけ彼氏がいない。満足に愛されない現実」を引き寄せてしまうんですね。

では、こうした状態を改善していくためにはどうしたらいいのでしょうか？

それは、実際に永遠の愛を手にしている状態をまず達成してしまうことです。

つまり、「今すぐに彼氏やパートナーがいる状態の自分」を想像していいですし、「その自分はこんなに素敵なんだ!」と感じてしまっていいんですね。そしてさらに、完全にその状態を先取りして「愛する人と愛し合っている自分」になってみるのもいいでしょう。

それではここで、さっそく「ウェディングドレス姿のあなた」を想像してみてください。美しい純白のドレスを着て、今までの人生をふり返りながら、「こんなことが苦しかったな……でもよく乗り越えてきたね」と思いながら、その先に立っている新郎をじっと見つめながら歩いているあなた。

もう今までの人生は終わり、これからはこの人と手に手を取り合いながら、二人で一つの人生を歩んでいこう……もし彼が疲れているときは私が支えよう。

でも、私が疲れているときは彼に支えてもらおう。

二人でうれしいことをたくさんして、二人が居心地のいい空間を二人でつくり、お互いに幸せを感じられるような思いやりあるやり取りを二人でしていこう。

こんなふうに、「彼のために生きるあなた」を想像し、そのあなたになり切ってみてください。心もすさんでいないし、自分を見捨ててもいない。女性として愛されたいと思って自分をいつも綺麗にしているし、部屋だってほら、こんなに綺麗に整えている……。悩んで苦しんでいる今とは違う、かいがいしい、朗らかで愛らしい魅力的なあなたがいるはずです。

こうして「誰かと過ごしている自分」を先取りしてしまうことで、潜在意識は「誰かと一緒にいること」を理解することができ、自分の人生に誰かがいることを許可できるようになるのです。その結果、リアルにパートナーが引き寄せられ、想像していた状態が自然に叶ってしまうんですね。

一人で納得し、完結している世界から、「二人で生きる人生」「誰かと一緒にいる私」を生きられるようになってこそ、現実も「二人の現実」へと変化していくのです。

ここでは勇気を出して、自分一人だけの世界から飛び出し、愛する人との生活を実現できる自分へと変化していきましょう。

完璧じゃないあなたが愛される

愛し合うときに天敵となるのが、完璧主義。

今まで優等生でいることを強制されてきた人ほど、完璧主義に生きるのが当然になってしまっていますが、実際には、完璧である人ほど、愛が遠ざかります。

なぜなら、人は誰しも弱さをもっているから。あなたが出会う男性も、みな弱さをもっています。しかし、あなたが自分に対して「完璧でなければ許さない！」と課していることは、愛する人にも厳しさとなって伝わってしまうのです。

そして何よりも、愛とは、「完璧な状態」だけにあるわけではないんですね。

たとえば、休日は心を許し合った二人で、部屋でリラックスしながら、ずっとパジャマのままＤＶＤで映画を観ている。今日は少し面倒だから外食しようか、なんて贅沢も許し合って楽しんでいる……。

いつもしっかりしていたいけれど、辛いことがあって、愚痴を言いたくなるときもある。

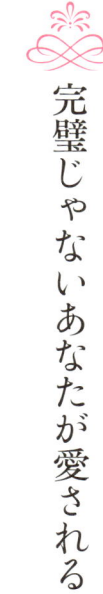

疲れ切っていて、今日はハイヒール履いたり、フルメイクしたりしたくない……というときもある。

ここで、もしも「ちゃんとしなければ！」という制限があると、こうして心を許し合った同士の愛の営みも許せなくなり、二人でいても休めなくなり、お互いがお互いを心から受け入れ合うことができなくなってしまうのです。

「私はあなたが完璧だから愛しているわけではないし、あなたも私が完璧だから愛してくれるわけではないことを知っている」

「私はあなたと、心を許し合って過ごしたいし、あなたも心を許してリラックスしていてほしい」

こんなふうに、お互いに力を抜いて過ごすことが愛なのです。

そのためには、完璧主義をやめ、あなたは自分にリラックスや休息、ゆるく過ごすことを許してみましょう。

ワーク：ダラダラして、ゆるく平和に過ごしてみる

愛し合う二人のための、正しい依存の仕方

恋はお互いに愛情を与え合うもの。でも、自分にはできることなんてない……。そんなふうに、自分の価値や自分のできることを見失っている女性が多くいらっしゃいます。

同時に、自分には何も与えることができないからこそ、反対に「たくさん素晴らしいことをしてあげなきゃ！」と、犠牲的に過剰に尽くす方もいらっしゃいます。

あるいは、「愛を与えるなんて……絶対に犠牲になるのはイヤ！」と愛を与えること自体に苦手意識をもち、男性から愛されることばかりを願ってしまう場合もあります。

このように、多くの人が苦手な「愛を与えること」。

一言で与えると言っても、加減が難しいですよね。

しかし実際には、私たちが考えているよりももっと自然に、人を愛することはできます。

なぜなら、普段から私たちはたくさんの「人を愛する要素」でできているからなんですね。
たとえば、普段きちんと時刻通りに起きて会社に行くことができるとします。
これは「朝は率先して起きて、相手をやさしく起こしてあげる」という愛の行為へと変わります。

このように、あなたが日常生活でしているさりげないことであったとしても、それを二人の生活に落とし込むと、立派な愛の行動として「与えられるもの」へと変わっていくんですね。

それではここで、あなたが男性に与えられる愛の行為をいくつか見ていきましょう。

＊料理やお菓子をつくることが好き。それをつくることが好きだから食べてもらうこともうれしい（男性側からすれば**「自分のために喜んで料理をつくってくれる素晴らしい愛」**だと感じられる）

＊素敵なレストランやデートコースを探して憧れるのが好き（一緒に行こうと提案することで、男性からすると**「男性の感性では見つけられない素敵な場所を見つけてくれ**

て、**二人で素敵なデートをしようとリードしてくれている」**という愛だと感じられる）

＊愚痴を言うのが好きではない。できるだけ自分自身と向き合ってがんばってなんでもこなそうとしている（男性から見ると、**「自分に寄りかかるのではなく、人生に責任をもって生きていくために一緒に過ごしやすい。かつ、共に仕事などをしてよりよい豊かな生活を送れる」**という愛に思える）

＊いつも明るく、ドラマや芸能ニュースなど、さまざまな面白い情報や素敵な情報をチェックするのが好き（男性から見ると、**「仕事で忙しくてそこまで時間をとることができないけれど、自分が知らないような面白いことをたくさん話して聞かせてくれる」**という愛に思える）

＊いつものんびり過ごしたり、ゆっくり景色を見たり話すのが好き（男性から見ると、**「仕事で忙しいけれど、一緒にいると普段の慌ただしい仕事や殺伐としたやり取りから離れ、ひたすら癒され、のんびり温かい気持ちになれる」**という愛だと思える）

いかがでしたか？

こうして、あなたから見たらちょっとしたこと、自然にできてとくに秀でているとは思わないこと、日常生活でごく当たり前にしていること、些細なことであったとしても、

＊ それがお互いの生活にとって喜びや豊かさ、興味となること
＊ それが相手のできないようなこと
＊ それが二人の生活を向上させるようなこと

であるならば、率先して行動することで、相手は「与えられている」と感じます。

まずはこうして、自分の中のできることに充分にフォーカスを当て、あなたが与えられる愛の深さを感じてみましょう。

次に、これだけの愛を与えられる自分を感じることができたら、今度はあなたのできないことも考えてみましょう。言い換えると、ここでは「あなたが与えてもらいたいこと」もきちんと把握していくということです。

＊ 計画を立てて物事を遂行するのが苦手。だから、計画をコントロールしたり実際の行動指針を立てたりしてほしい

＊たまに必要以上に傷ついたりしてしまうから、そのときは話を聞いてほしい
＊体力がないから、買い物で荷物をもってくれたり、たまに料理を一緒にしてくれるとうれしい

こんなふうに、自分ができないことで相手ができることならば、積極的に頼ってもいいんですね。これは信頼になります。愛はどちらかが与え、どちらかが受け取る……というようなアンバランスなものではないんですね。必ず自分が与え、そして相手も与えてくれるというように、お互いに与え合うことで初めて成り立ちます。

これが、「正しい依存」です。

相手に寄りかかったり頼ったり、できないことを任せるのがいけないことではありません。何かをしてもらうことを依存だと嫌うのではなく、「自分にもできることがある」「自分もやってあげられている」と感じられれば、それは相互依存になります。
それでは「愛情を与えてもらうこと」を積極的に自分に許可し、実際に与えてもらっているイメージをしてみてください。

どうでしょうか？

あなた自身も相手に喜びを与えているし、相手からも自然に受け取れている……これが愛の交流です。

愛を与えることも許可し、愛を与えられることも許していくことで、潜在意識は男性を受け入れ、親密につながることを許し、その結果、実際に愛し愛される現実へと変えていくことができるのです。

ワーク：自分ができることは与え、できないことは助けてもらう

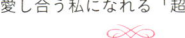

彼の「女神」になれるたった一言

私たちは普段、自分が思う以上に自分には影響力がないと思い込んでいます。

けれど、実際にはそうではなく、自分がどうふるまうかによって、相手を天国にいるような気持ちにさせることもできますし、地獄にたたき落とすこともできます。

それくらい、人と人とは影響し合って生きているんですね。これが恋愛となると、とくにそうです。相手の一言一言が心に染みこみ、今まではなかったような感動やときめきを生み出すことができます。

では、実際にどんなふうに影響し合うのかを見ていきましょう。

＊ 相手が孤独に苦しんでいるときに、その気持ちを聞いたり、抱きしめてあげる↓**その結果、相手は人生で抱えていた孤独が癒え、またがんばることができる**

＊ やさしい言葉をかけたりやさしい気遣いをする↓**その結果、相手は心が穏やかになり、**

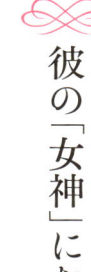

ゆったりとした時間を感じることができる

＊いつも相手の力を信じて、「できるよ」「すごいね」と相手を賞賛する↓その結果、世の中でもなかなか認めてくれる人がいないのに、温かい居場所をつくってくれて認めてくれる人がいるんだ……という内なる自信があふれてくる

＊ここが素敵だよと景色のいい場所や素晴らしい風景、旅先での写真などを見せてその美しさを語る↓その結果、自分が知らなかったような美しい世界に触れ、よりこの世界の綺麗さを知り、実際に旅したり、美しい景色に目を向けたりできるようになり、解放感を味わうことができる

いかがですか？　こうして言葉にしてみると、改めて「自分がどれだけの影響力をもっているか」が分かると思います。ここでのポイントは、ただ相手を助けるということだけではなく、「相手にとって喜びとなるようなことを伝える」ということ。

いつも困ったときだけ助けるとただの「面倒を見てくれるお母さん」になってしまいますが、そうではないときも「励まし」「安心感」「リラックス」「美しさ」などを伝えることで、男性から見れば「この人といると、いつもポジティブな素晴らしい影響を受けられる」という認識になるのです。

潜在意識は、くり返されることを記憶します。そして、自分に与えられているものが素晴らしければ素晴らしいほど、「この人は自分に宝物をくれる大切な人」と思うのは、男性も女性も同じこと。

「この人と会うといつも愚痴を聞かされるな」「また仕事の悩み？もういい加減にしなよ」「いつもダメ出しばかりされてきつい」などと言われてしまうのはもったいないです。

あなたは「相手を下げ、やる気を奪い、この世界が最悪なものだと信じ込ませる悪魔」になることもできますし、その反対に、「相手の光となり、世界の美しさを知らせてくれ、自分の価値を教えてくれる女神」となることもできます。

さらに女神となる行動や発言は次の通りです。

＊相手に対する思いやり・気遣い（「大丈夫？」「できることがあったら言ってね」）

＊相手に対する肯定（「いつも味方だよ」「素晴らしいね」「すごいね！」）

＊相手に対する許可・許し（「私にならせえていいよ」「もっと楽にしていいんだよ」）

＊相手に安心感を与える言葉（「そのままで大丈夫」「ずっと一緒にいるね」）

＊ **相手の可能性を開く言葉**（「〇〇なあなたはステキだよ」「きっと上手にできるよ」）
＊ **相手に対する純粋な愛情**（「あなたのことが大切です」「あなたが好き」）
＊ **相手の気持ちを引き上げる言葉**（「あなたならできるよ」「あなただからやれる」）
＊ **世界が美しさや可能性に満ちあふれていることを伝える言葉**（「世界は綺麗だね」「やさしい人も多いね」「楽しいことがたくさんあるね」）
＊ **相手と喜びを分かち合う言葉**（「今日こんなうれしいことがあってね」「楽しいね」）
＊ **相手に対する感謝**（「側にいてくれてありがとう」「生きていてくれてありがとう」）

発言は、今この瞬間に決められること。まずは、あなたの「一言の影響力」を許しましょう。どんな女性になるかを潜在意識のレベルで選びながら、その一言を伝えることができれば、それにふさわしい愛があなたに返ってくるのです。

ワーク：自分の影響力を許す

「もっと会いたい！」と男性から求められる方法

あなたはどれくらい、まだ出会っていない相手を愛していますか？
「まだ出会っていないのに愛する」というのは、一見不可能のように思えますが、実は最高の出会いを引き寄せるためには必要なレッスンです。なぜなら、私たちは「言葉という目に見える会話」だけで交流しているのではないからです。

とくに、男性に対して愛を感じられる女性ほど、潜在意識レベルでその愛を伝えることができます。

相手を慈しみ、尊敬し、配慮できる女性。こうして心の奥深くで相手の存在を肯定し受け入れられたとき、相手もまた、あなたにめぐり合った瞬間に、「この女性は自分のことを心から受け入れてくれている」と安心感をもつことができます。

でも反対に、初めから男性を「男ってどうせこんなもんでしょ！」と決めつけて罰していると、それは相手に伝わるんですね。そして、これは潜在意識同士の会話なので、心の中でこうした独り言を言っているだけでこの情報は相手に伝わってしまうんです。

では、男性があなたとめぐり合ったとき、「愛されている」と感じるためにはどんなことをしていけばいいのでしょうか？

それはあまり難しいことではありません。心（潜在意識）で相手を受け入れるというワンクッションを入れるだけなんですね。では、実際に受け入れていると感じられるような心理を具体的に見ていきましょう。

＊相手のことを見た目や地位などで判断せず、まずは「この人も色々辛いことがあったのに、ここまで乗り越えてきて私とめぐり合ってくれたんだ」と縁に感謝する

＊「この相手と結婚できるの？　条件は？」と未来のことを気にしすぎるのではなく、今この瞬間、気持ちのいい会話ができたらいいなという気持ちで接する

＊たぶん、この人はこの人自身が気づいていいない素晴らしい要素をたくさんもっている

んだろうな、と、相手のまだ見ぬ才能や資質に期待する
＊できないことや不器用なことがあっても大丈夫。一緒にいて別に責めたりしないから、緊張せずにリラックスしてねという気持ちでいる

これらが、具体的に「あなたを受け入れているよ」という潜在意識の情報発信になります。分かりやすい会話で表現していますが、ここには相手への尊敬や配慮などが隠されています。そして、こうした在り方・態度は、相手に対して安心感となって伝わるんですね。

同時に、あなた自身も、こうした在り方を心がけているだけで、自然とほほえみなどが浮かんだり、柔らかいエネルギーを発したりできるようになります。

さらにこれ以外にも、「あなたががんばって私のところまで歩いてきてくれてありがとう」「私もずっとあなたと出会うことを望んできたんだよ」など、あなた自身が努力してきたことを心で伝えてもいいと思います。

人は誰しも、心の根っこでこうした「受け入れられること」を望んでいます。

もしもあなたがこうした接し方をされたとしたら、その相手に安心感や、親密さを感じ

ることでしょう。それは、あなたと接する男性も同じです。

そして何よりも、「相手を受け入れる」という在り方自体が、人を愛しているという証拠です。

出会う前から受け入れ、人を愛することを許すこと。両手を広げて、「大丈夫、私があなたを愛してあげるよ」と世界中に大声で言えるあなたになってみましょう。こうすることで、あなたと一緒にいたいと願う男性が花束を抱えてあなたに愛を語るようになるでしょう。

ワーク：相手を心で受け入れてみる

潜在意識はあなたの状態を24時間見ている

愛には愛で響き合う。

潜在意識はとても正直です。だからこそ、「今この瞬間、自分が何を考えているのか」「自分が何を感じているのか」に比例して、それにともなった現実を引き寄せます。

愛にあふれるということは、ただ愛のことだけぼんやり考えて、「こんなふうに愛し合えたら素敵だな」と現実逃避するということではありません。

愛のみを選択しながら生活するということです。

具体的に見ていきましょう。

たとえば、小さな子供が笑っている姿を見て駅で思わず微笑む……。この瞬間、あなたの潜在意識は愛であふれています。このとき、あなたは誰かにこのことを伝えることもありません。けれども、あなたの潜在意識はしっかりと「あなたが愛情深く微笑んだ」ことを記憶します。そして、あなたが愛情深い人であるということを周囲に伝えるとともに、その瞬間感じたあなたの温かい愛のエネルギーに呼応するかのような、温かい現実を引き寄せてくれるのです。その後に寄った店で店員さんからやさしくサービスしてもらった、友達から気遣うメールが届いた……などです。

このように、潜在意識は360度、24時間、いつでもあなたがどんな状態でいるのかをしっかりと見ています。

愛情にあふれた眼差しで世界に触れれば、実際に現実でも愛を引き寄せることができるんですね。

愛し合うということは、常に意識や感情を愛に向けながら生きるということ。

いつも心の中で焦ったり、人に依存しようと企んだり、過去の怒りばかりをくり返し味わっていたり、人を罵っていたり、いきりたったり、人と張り合ったり、「自ら攻撃的に生きる」ことを選択していれば、その在り方はそのまま「愛されない現実」へとつながります。

こうした「愛ではない」ネガティブで攻撃的な感情を抱えていたら、潜在意識は「愛ではない現実」を引き寄せてしまうでしょう。心から充足できるような愛を手に入れることは永遠にできません。

もしもいきりたつような攻撃的な気持ちが自分の中にあるときは、まずは自分で自分をいさめ、そして次に、自分の中の攻撃性を外側に向けるのを止めようとする努力は必要です。

具体的には、「攻撃したくなる自分」をまずは客観視していきます。

その自分は暴れている嵐のようなもので……今までたくさん苦しんできたことや、叶わなかったこと、人を信じていたのに裏切られたこと、努力してきたのに評価されなかったこと……こうした苦しみでいっぱいかもしれません。だからこそ人と争ったり自分を大きく見せようとしている自分に気づいてみましょう。そして、傷ついてきたからこそ、自ら争いをしかけようとしている自分の心の傷を受け入れてあげます。怒り狂う自分、戦って勝ち取らなければならないと思っている自分。その自分にまずは愛を与え、自分が落ち着いて、もっと世界の素晴らしさに目を向けられるように導いてあげるのです。

たとえば、Aさんは現実的にはとても大人しい人と思われていましたが、心の中ではいつも相手に対する愚痴や暴言でいっぱいでした。過去、傷つけられたという痛みから、自分の中にまるでもう一人の自分がいるかのように、突然爆発し、世の中を恨むような自分が存在していたのです。

こうした自分は普段から隠していたにもかかわらず、それを感じ取るようにAさんに近寄る男性はいませんでした。それがまた「がんばってこんなに良い人でいるのに愛されないの!?」という怒りと悲しみと攻撃に変わっていきました。

しかし、Aさんはこうした怒り狂う傷ついた自分でいたいわけではありませんでした。そのことに気づき、自分が愛から離れていたことにハッとし、もう一度愛に戻ることを選択したのです。

「そうだよね、苦しかったね」という慈悲の気持ちと共に、苦しんで怒り狂っている自分に対して、「そうだね、辛かったね、だから怒っているんだね、だから悲しんでいるんだね」と言い続けたのです。

すると怒りはおさまり、本当はただ傷ついて荒れ狂っていただけのピュアな自分自身が現れました。痛くて愛ではいられなかった、皆が嫌いで苦しかった。その自分を抱きしめてあげたとき、心から湧きあがる愛と共に、今までの嵐が去って行くのを感じたのです。

こうして自分をいさめながら生きていると、世界のあらゆるところに愛があることに気づきはじめました。今まで怒りと被害者意識でいっぱいだったときには見えないことが、見えるようになったのです。

本当は笑ってる赤ちゃんやお母さんもいるんだ。
本当はやさしい男性もいるんだ。
本当はなんの得もないのに人のために尽くせる人もいるんだ。

世界の愛に気づきはじめたとき、自然に涙があふれました。そして、自分自身の心がやさしく柔らかく、「親切にしたい」「私も笑っていたい」と思えるようになりました。もう、怒りは自分の中にありませんでした。

すると、この柔らかい温かい感覚と共に周囲からもやさしくされることが増えました。

そんな中で、今までただの知り合いだった男性からも特別に気遣われるようになったことに気づき……いつのまにか、彼と恋に落ちていたのです。

愛には愛で響き合う。言葉で表現してしまえば簡単なことですが、実際にはこうした「自分をいさめ、自分を受容し、自分の状態を変える」ということをした結果、心の中が変化し、その変化にふさわしい愛がやってくるというメカニズムになっています。

あなたの今の状態は愛ですか？　それとも嵐ですか？

もしも嵐でも、自分を嫌うことなんて必要ありません。ただ、そうなってしまったあなたに寄り添ってあげるだけで、あなたは本来のあなたに戻れます。

あなたが怒り狂う嵐に気づき、それをいさめ、愛に生きると決めたとき、もうすでに愛される未来はあなたに約束されているのです。

ワーク：自分をいさめ、世界の愛を積極的に受け入れる

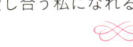

恋愛を動かすのはあなたの「感動」

普段、あなたの中にはどれくらい涙とやさしさと感動が眠っていますか？

涙とやさしさと感動とは、「その瞬間、あなたが感動して涙があふれるくらい素晴らしいと思った経験」のことです。こう表現すると、まるで甲子園に出場した男子高生のような感覚になるかもしれません。

けれど、こうした感動を味わうことが、実は恋愛を動かす感受性の神髄になります。

その理由は、恋愛とは、人から良い影響を受け、心を震わせて感動し、「生きていることや相手が存在してくれていることが素晴らしい」と受け取る感性のことだからです。

感動しやすい人は、人から良い影響を受けることも上手で、人の素晴らしさや世界の素晴らしさを受け取る感性にも優れているため、こうした感覚で男性と愛を分かち合うのも

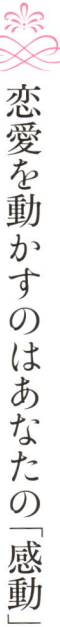

上手な人なんですね。でも、反対に、いつも感動を味わったり、世界の素晴らしいことに目を向けず、ロジカルに物事を考えすぎたり、ネガティブなことばかり見続け世界を憂いてばかりだと、それがそのまま恋愛を遠ざける要因になります。

こんなふうに恋愛のしやすさは、普段の心のクセでも決まってしまっているのです。

この心のクセが、「在り方」というものです。

もしもあなたの中が愚痴やイヤなことや目を背けたくなるようなことばかりで満たされていたとしたら、人はあなたから離れていきます。

けれども、あなたがやさしさにあふれ、人の美しさやこの世界の素晴らしさを見続けていれば、そんな「希望そのもののあなた」と人は接したくなるんですね。

いつも感動できる話に心震わせているあなた。
世界はこんなに素晴らしいんだよと、キラキラした瞳で伝えられるあなた。
人はその姿を見て、「ああ、世の中にはイヤなこともたくさんあるけれど、こんなふうに感動できる素晴らしいこともあるんだな」という光を見出します。

ですので、日常の中で意識して感動を取り入れてみましょう。

愛を感じる映画を観てみることでもかまいませんし、いいニュースばかりを取り上げたネットサイトを見てもかまいません。あるいは、周囲の人から感動した話を聞いて涙しても素敵ですね。こうした話を取り入れながら、ただ感動話ができるあなたになるだけではなく、「光に目を向けられるやさしい愛にあふれたあなた」で100％生きることで、人はその美しさを潜在意識レベルで感じるようになります。

あなたの価値がはっきりと認識されるようになるのです。そして、何よりも、あなた自身が「ああ、こんなふうに素晴らしい感覚で生きていいんだ！」と許可できるようになります。

感動とは、愛そのもの。あなたの内面は潜在意識を通じて必ず他者に伝わっています。だからこそ、感受性を育てること。ちょっとしたことから、深く愛し合うための制限は勝手に外れていくのです。

ワーク：感動を誰かと分かち合う

親との愛に心破れた自分を癒し、もう一度人を愛する勇気をもつ

自分に制限をかける原因として、「親への失恋」があるということをお話ししました。

親への失恋と聞くと、「そんなこと……」と思う方もいらっしゃるかもしれません。

実は、この「親への失恋」とは、恋愛独特の恋い焦がれるような感覚とは違うものです。

けれども、愛する人を大切に思って、その人のためにがんばったり、愛する人に喜んでもらおうと一生懸命になったり……こうした気持ちは、親に対しても、恋人に対しても同じです。潜在意識の中では、「愛する人を愛した」ということが起きています。

それゆえに、人生で一番最初に触れた「大好きな人」に拒絶されてしまうということがあると、まるで失恋したときと同じようなショックを受けてしまうのです。

こうした「愛する痛み」があると、私たちは無意識に愛を諦めるようになります。

親に喜んでもらいたいからこんなにがんばってきたのに、分かってくれなかった……。

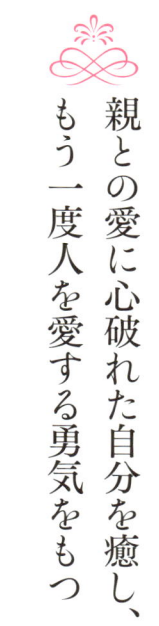

だから、私ががんばって相手のために何かしたとしても、きっと誰も喜んでくれないに違いない。

親が少しでも楽になるように気遣いをしてきたけれど、どんなに気遣っても、親の機嫌がよくなったり、うれしく感じたりしてくれることはないだろう。

こんなふうに思い込み、いつのまにか、自分から愛することをやめてしまうのです。そして、本当は恋愛がしたいのにキャリアに逃げてしまったり、女性同士ばかりでつるんだり、趣味ばかりを追求したり……無意識に「愛さない人生」を始めてしまうのです。

こうしたときほど、まずは、「親を愛したのに、愛が返ってこなかった」という心の奥に隠した悲しみを感じてあげてください。

人生で最初に大切に思った人に喜んでもらえなかった。それはきっと、とても悲しく言葉にできない苦しみだったでしょう。

自分が誰よりも大切にしているからこそ、自分を殺してまでも尽くしてきた、その愛が伝わらず、ずっと孤独だったことでしょう。

でも今、そんな「報われない愛」を続けてきたあなた自身のことを、あなたが見つけて、認めてあげてほしいんですね。

そうだね、親はあなたがどんなにやさしく接したとしても、そのときはさまざまな理由があって、その愛を受け取ることができなかったんだね。

でも、私はあなたがどれだけ親を愛して一生懸命だったのかを知っているよ。

親はあなたが懸命に期待に応えようとがんばったとしても、意に添わないとその努力を認めてくれなかったかもしれないね。

でも、私はあなたがどれだけ親のために一生懸命に生きてきたのかを知っているよ。

こんなふうに、過去、本当にがんばって親を懸命に愛してきた自分に対して声をかけてあげながら、自分の一途な愛を思い出してみてほしいのです。

親はこの愛を受け取ることができなかったね。でも、あなたの愛は本物だよ。

だから、これからは、あなたの愛を受け取れる人に対して愛情を注いでいっていいし、

あなたはこんなふうに愛したのと同じだけ、「報われて愛されて」いいんだよ。

こんなふうに、自分に伝えてあげてください。

誰よりも大切な人に、人生で最初に拒絶されてしまったという経験は、その後の人生で愛を諦めるに等しい苦しみだったことでしょう。でも、あなたには、「懸命に愛する人を愛した」というその事実が残っています。あなたの愛には力があるのです。

愛することを諦めるのではなく、こうして「どれだけあなたが愛せたのか」を思い出し、本当はその愛と同じだけ愛されてよかったんだと許可することができれば、あなたの愛にふさわしい現実は必ずやってきます。

ワーク：自分が与えた愛を思い出し、「報われていい」と許可する

今すぐ永遠の愛を手にするためのレッスン

ずっと続く永遠の愛がほしい。映画みたいに深く愛し合うロマンティックな恋に落ちたい――こうしたロマンスは、実は「素敵な恋愛ができたらいいな」という軽いイメージでは得ることができません。

「ずっと続く恋愛」は、人生を共にする「結婚」という儀式へとつながります。それゆえに、ただ恋愛のロマンスだけを求めるのではなく、しっかりと「結婚を前提としたおつき合いをしたい」と意識しなければ、より誠実でずっとつき合える男性を引き寄せることはできないのです。

では、結婚を意識するために、どんなことをしていけばいいのでしょうか？

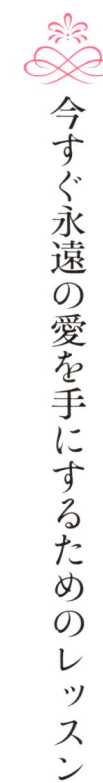

＊すべてお給料を使ってしまうのではなく、二人の未来のために結婚資金を貯める
＊愛する人に愛され、触れられる私を意識しながら、自分の美容や健康に気遣う
＊将来、どんな場所で生活をしていきたいのか、どんな生き方を二人でしていきたいのか、子供の有無、仕事の状態など具体的にライフプランを立てる
＊彼が仕事をしているという前提で、その彼を軸に「食事をつくる」「掃除や買い物などをする」「休日は一緒に出かけてデートする」など、具体的なイメージを元にそれを達成できる能力をつける

などです。いかがでしたか？

結婚をしたからと言って、「何もしなくていい生活」になるかというと、そうではありません。同棲することでも同様です。一人暮らしをしているときと同じように、炊事や家事をする必要はありますし、さらに、「二人でどんな暮らしがしていきたいの？」「どんな場所に住みたいの？」というような希望も、自分たちの手で叶えていく必要があります。
そして、ここからが重要なポイントですが、ここで「愛する人を中心にした生活」を想定してみてください。

たとえば……「休日は一緒にデートをする」というところ。これも、デートをする場所（水族館・公園・レストラン等）を具体的に選んでみて、実際にその場所に行ってみてもいいでしょう。

もし「こんな部屋に住みたいな」というプランがあるとしたら、実際に家具の店に行って、手触りや値段を確認し、「これは無理だな」「これなら実行できそう！」などと、具体化してしまいます。

こうすることで、潜在意識には「うっすらとなんとなく希望している空想」ではなく、「実際にこうした生活を誰かと実現させることができるんだ！」という許可が出るようになります。

もちろん、そのときに、あまりに浮き世離れしたこと――「金銭的に厳しいのに、毎日フレンチを食べたい」「仕事をしていて自由がないのに、2週間海外に行きたい」など、とうてい達成できないと脳が判断したことは引き寄せることができません。

あくまで潜在意識が「これは可能だね」と納得できたものが引き寄せられます。

同時に、こうした具体化をもっと進めるために、「一緒にしたいうれしいこと・楽しいこと」だけではなく、少し面倒なことや二人で乗り越えなければならないことも想定してみてください。

＊自分が原因で相手を怒らせてしまったり、二人の気持ちに行き違いが生じたりしたときは、相手の話をじっくり聞く
＊もしも相手が風邪などで具合が悪くなってしまったら、大変でもその分看病したり、病院につき添ったり、その上で家事などをする
＊仕事が忙しく、なかなかゆっくり会えないなどの期間があれば、手紙を書いたり二人で30分過ごすだけでも我慢する
＊相手がどうしても分かってくれない、などということが起きたら、辛抱強く相手に自分の意見を伝え「協力してほしい」ということをお願いしていく
＊自分が買いたい物などがあっても、家賃などを考えてそれを我慢する

このとき、「今まで誰かと一緒にいて、めんどくさいなと思ったこと」を想定してみるといいでしょう。たとえば親や兄弟との間で面倒だと思ったことも、愛する人となら一緒

にやっていきたい。そんなモチベーションをもってイメージングしてみると、リアルに想像することができます。

一人の生活で自由きままに生きるのではなく、「協力しながら二人の人生を生きていく」のが結婚です。「喜怒哀楽」という言葉があるように、二人でいられる喜びを感じながらも、でもその中には「二人のためにしなければならないこと」「二人のためにしていきたいこと」は存在しています。

一人でいる自由、なんでも自分の思い通りにコントロールできる幸せと、二人でいる不自由、でも喜怒哀楽を分かち合える最高の幸せ……。そのふたつを両天秤にかけて、あなたが「二人でいる不自由さ」を選択することができたとき、「二人で生きる最高の喜び」も手に入るのです。

ワーク：二人の生活の「喜怒哀楽」を先取りして生きる

男性視点で見てみれば、自分の印象は一瞬で変わる

もっと自信をもっていいのに……。

もっと小さなことを気にせず、前を向いていいのに……。

友人と接していてこんなことを思ったことはありませんか？

実はあなたが友人と接するときにこう思うように、あなたと接する人は、あなたを見たときにこんなふうに思っているかもしれません。その理由は、あなた自身が自分のことを過小評価している可能性が高いからです。

私たちはいつも、自分の才能や美しさよりもネガティブな側面ばかりを見てしまいます。

それは、私たちの心は意識しない限り、よりエネルギーの強いネガティブな方向に引っぱられてしまうからです。そして、「私が思う嫌いな私」の枠組みの中に閉じこもり、いつも自分にダメ出しをするようになるんですね。

そんなときに効果的に潜在意識の状態を書き換えていけるのが、「男性の視点から自分を見る」という方法です。

もしも自分がやさしい男性で、目の前に自分がいたとしたら？　そんなふうにイメージングしてみるんですね。こうして別の視点を取り入れることを「俯瞰（ふかん）」といいます。難しい言葉ですが、こうして自分自身を「自分の思い込み」ではなく客観的に見られるようになることで、自分を改善したり、自分の価値を高めることができます。

C子さんは、それまで自分の物差しだけで自分を判断していました。あの人よりも胸が小さい、可愛くない、話だって面白くないし……そうやって、自分が思ったままの感情を自分にぶつけ、自分を否定していました。

けれども、自分を変える際に、この「俯瞰」を使ってみました。すると、どうなったかというと……。男性の視点になると、話だって面白くないとか、そんなことはまったく問題がありませんでした。むしろ気になったのは、「なぜ他にたくさんいいところがあるのに、そんなふうにわざと自分をいじめているの？」ということだったのです。

俯瞰をしてみると、自分の価値観だけで自分を罰していたC子さんには、もっと素晴らしいところがたくさんあったんですね。

だって君は、いつも自分を犠牲にしてまでも人にやさしくしてきたじゃない。そんな人、見たことないよ。

だって君は、話が面白くなくても、いつも人の話を一生懸命に聞いて、まっすぐに愛情深く思いやりをもって人と接しているじゃない。

だって君は、とても奥ゆかしくていつも笑顔でいようとしていて……本当に健気で魅力的だよ。

こんなふうに男性視点から見ると、次々と「どうしてそんなことしているの？　もっと自信をもって……」ということが明らかになったのです。

そして、最後にイメージの中の男性はこう言いました。

「だからもっと、自分にやさしくしたり、誇りをもって生きていいんだよ」

その言葉を言われた瞬間、C子さんは号泣していました。ずっと知らなかった。自分の価値観だけで自分を見て、ずっとダメ出しをしていた。でも、本当は素晴らしいところも美しいところもいいところもたくさんあったのに。そして、男性からこんなふうに見られていたのに……。自分に対する申し訳なさと感謝と後悔でC子さんはいっぱいになりました。C子さんが泣いている間も、彼はやさしくイメージの中でC子さんを抱きしめてくれました。そのときはじめてC子さんは、「男性の愛」を受け取れたのです。そして、これからはイメージの中で男性が言ってくれたように、胸を張って自分にやさしくしながら生きようと決めました。すると、一週間も経たないうちに、周囲の人から「明るくなったね」「可愛くなったね」「何か変わった？」とほめられることが劇的に増えました。イメージの中の男性が言ってくれた通り、現実が変化したのです。

こんなふうに男性の視点から自分を見て、「どうしてこうしないの？　もっとこうしていいんだよ」と気づいたことを素直に受け取るだけで、自分の印象は変わっていきます。

このように、あなたが思うよりも、もっと男性はあなたを見ています。そう、ただあなたを観察するだけではなく、「もっとこうすれば魅力的になれるのに……」そんなふうに、もったいないなと思いながらあなたと接しているのです。

「自分だけが思い込んでいる自分」の枠組みから離れ、違う方向へと自分を花開かせることができたとき、そこにはあなたも知らないような素晴らしい世界や出会いが待っているはずです。

ワーク：男性の自分をイメージし、愛を受け取る

男性が感じる「綺麗」を否定しないで

「そうはいっても、でもどうしても自分が愛されることが信じられない……」

そう思ってしまうあなたに、知ってもらいたいお話があります。

私の友人の男性は、とてもモテる人でした。いい大学を卒業し、一流の会社に勤め、容姿も端麗。そのため、女性がたくさん寄ってきて、モデルさんのような綺麗な女性とつき合っては、短いスパンで別れるという恋愛をくり返していました。でも、彼は一人の女性に出会ったんですね。その女性はとても地味で、彼よりも10歳も年上、しかも治療が必要な持病があり、自分に自信がありませんでした。けれども彼は、強く言い寄ることもなく、いつも彼の健康を気遣い、さりげないやさしさを与えてくれる彼女のことが、次第に気になっていったのです。

あるとき、道に咲いていた小さな綺麗な花を見て、彼はなにげなく写真を撮って彼女に送りました。すると彼女は、まるで豪華な花束をもらったときのように綺麗だと言って喜んだのです。彼はそれに驚きました。彼自身も、つくられた花束よりも野に咲く花が綺麗だと思う感性をもっていましたが、彼の周囲の煌びやかな女性たちは、花束のプレゼントには喜んでも、道の花を綺麗だと言って喜ぶ女性はいなかったからです。

「あなたがくれるなら、道でつんできてくれた花でもうれしい」

その彼女の言葉に、彼は人生ではじめて、自分の経歴やお金、「してあげること」ではなく、本当の自分を受け入れてもらうという喜びを知りました。

そしてさらに、彼女が持病を乗り越えようとして、弱音を吐かずに凛《りん》と生きていることを知り、その強さと美しさに打ちのめされ、恋に落ちたのです。彼は今、彼女と一緒に病気と戦いながら、彼女だけを一途に愛しています。

他の人と比べて劣っているから愛されない。これは誤解です。

あなたが自分の感性や生き方に誇りをもつことができれば、必ずその感性や生き方を美しいと感じ、価値を感じてくれる男性は存在するのです。

ワーク：あなたの美しい感受性や、今までの生き方に誇りをもつ

「一人でいるほうが心地いい」を卒業する

愛する人と一緒に生活するということは、いつもその人と共に過ごすこと……。その光景を考えてみたことはありますか？

実は、「彼氏がいない状態」の人が陥りがちなのが、「彼氏がいないことへの甘え」です。つまり、彼氏がいないからこそ、彼氏がいない生活に完全に慣れてしまい、「男性が見ていないからいいよね」という甘えが生まれてしまうんですね。

するとどうなるかというと、ずっと「一人だし誰も見ていないからいいよね」と甘え続け、だらしない生活を続けてしまうのです。

怖いことですよね。

このように、潜在意識は「自分を自暴自棄に甘えさせる許可」があると、どこまでもそこに堕ちていきます。そして、「自分一人でだらしなく誰の目も気にせず生活すること」が心地よくなりすぎてしまい、「誰かと一緒に生活できなく」なってしまうのです。

そうなると、もう彼氏をつくることを許可できないばかりか、「彼氏がいないほうが心地いいよね」というように、積極的に男性を追い払うようになってしまうんですね。

こうした恐ろしい「一人きりの罠」から抜けるためには、「今この瞬間に相手がいたら?」と、常に相手の存在を意識しながら自分を高め、生活してみることが大切です。自分の気高さや誇り。それが最高の男性を惹きつけるんですね。

たとえば愚痴を言ってしまっている。この姿を見て、相手の男性は私を愛したいと恋い焦がれるだろうか?

自分なんてどうでもいい、と体を労わらない……その私を見て、私の愛する人はうれしい気持ちになるだろうか?

めんどくさいなぁ、部屋が散らかっていてもいいや。どうせ私のことなんて誰も見ていないし……。その私を見て、愛する人はこの部屋に来て私のことを抱きしめたくなるだろうか?

こうして自問自答してみます。

すると、どこかで「愛する人が目の前にいないからいいや」と思いながら、愛する人がいない生活を満喫している自分に気づけるかもしれません。

こうして自分の言い訳と、普段一人でいるときの生活態度を潜在意識のレベルで紐解いて行くと、自分がなぜこの現実を「つくり続けているのか」が分かると思います。

このことに気づいたら、改めて自分自身を「愛する人と一緒に過ごしている」自分へと変えてみてください。

このとき、ただ愛する人と一緒に過ごしている緊張感をもつだけではなく、「自分は自分だけのものではなく、自分を愛してくれる人のものである」ということも一緒に感じてみましょう。

＊ どうせ私なんて！　と自分をいじめたくなったら、卑屈になっている私を見て、相手の男性はうれしく思うかな？　とまず自問自答してみる。そして、「ＮＯ」をしっかり感じることができたら、自分を愛してくれる人が大切にしてくれる自分を大事に労わってみる

＊どうせ誰も見てないよ、と手を抜きそうになったら、「もし愛する人が見てくれていたら、私は自分に手を抜いたりしていないな」と思い直し、もう一度美容や健康など、自分に手をかけてみる

＊どうせ一人だしいいでしょ！　と散らかしたり乱雑な生活をしていたら、「これは彼の帰ってきたい部屋？」と自問自答してみて、しっかり「違う」と認識できたら、部屋を掃除し、二人がお部屋デートしたくなるような空間に整えてみる

具体的に「愛する人の存在やその人の視点を放棄し、自分一人で好き勝手に暮らしている」自分がいることに気づき、その自分を改善し、具体的に「二人だったらどう？」「相手が見てくれていたらどう？」「その人が愛してくれている私だったらどう扱う？」というように、行動を変えていきます。

不思議なもので、こうして「誰かと一緒にいる私」を生きるようになると、それだけで「誰かがあなたの人生に一緒にいる瞬間」が増えていきます。つまり、あなた自身が一人きりの世界に生きることを止めたからこそ、誰かと一緒にいる許可が出て、それが現実化していくんですね。

そして、絶対に忘れてはいけないのは、今、この瞬間も、あなたの運命の人はあなたにリアルに出会っていないだけで、この世界に存在していることです。

彼は今、まだ見ぬあなたに恋い焦がれたり、まだ出会ってもいないあなたのことを思って「二人で幸せになれたらいいな」と夢を見ながら生きています。

その相手の努力を、「どうせ見てないでしょ」なんて言葉で拒絶してはいけません。

あなたを将来愛する男性は、あなたに出会いあなたを愛したがっている。そして、私の中の「相手に見せたくない自分」が、彼に会うことを拒絶してるんだ……そんなふうに考えてみてください。

人生の中心は彼。愛するあなたのために私は生きると決め、彼があなたの現実に現れる許可を出していきましょう。

ワーク：「二人で生きる」イメージをもつ

彼が思わず恋に落ちてしまう「最高の私」で生きる

その人を見た瞬間、まるで時間が止まったようになり、言葉を失う。
恋に落ちる瞬間は、いつ、誰にでも訪れるもの。
そして、恋に落ちる瞬間とは、あなたの感受性が無防備に表現されているときです。

たとえば、くったくなく笑っている瞬間……あなたはただ、今目の前にある喜びを感じているだけかもしれません。けれど、そのとき、そのあなたを見ている男性は、キラキラとした計算のないあなたの笑顔に釘づけになっています。そして、その瞬間をもっと見たいと切望するようになります。

ときには、悲しいことがあり、ぽろぽろと涙を流してしまうこともあります。でも、そんなあなたを見て、彼はあなたの一生懸命さに心打たれ、あなたを心から支えたいと願うようになります。

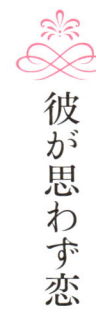

ときには、夕陽の美しさに感動して言葉を失ってしまっているかもしれません。可愛い子犬を見て、思わずきゃっきゃと子供のようにその犬を追いかけてしまうかもしれません。

でも、こうしてあなたが自分を100%感じているとき、あなたは誰よりも美しいあなたとしてこの世界に存在しています。

不安や戸惑い、思考などに邪魔されることなく、「今この瞬間を100%感じ切る」ということをしてみましょう。料理を美味しいと100%感じ喜ぶ。目の前にいる人との楽しさを100%感じて過ごしてみる。目の前の仕事を100%がんばってみる。

そうやって100%でいるだけで、あなたは恋される最高のあなたになっているのです。

ワーク：いつも100%の感性で生きる

彼の本気を理解していますか？

人を愛するということは、決して軽いものではありません。それは、女性だけではなく男性も同じこと。わかりやすく言えば、誰の心にも「愛の重み」があるんですね。

特に、男性が結婚を決意するときは、必ず独特の真剣さや覚悟がひそんでいます。

たとえば、自分で稼いだお金を、自分のためだけではなく、あなたのために使い、あなたとの未来のために使うという覚悟。それは、大切な命を使いながら稼いだものを捧げようとしてくれているということです。

ただ可愛い、綺麗というだけではなく、これから老いても共にずっと人生を歩んでいこうとする気持ち。それは表面的なことではなく、病気になっても苦しいことがあっても、絶対に支えていこうと決意してくれているということです。

ただ、結婚を「素敵なドレスを着ることができる」「ずっとデートできる」とロマンチックな気持ちだけで求めてしまうと、こうした「男性が結婚を決めるときの覚悟」が見えなくなってしまい、本当に人生をかけようとしてくれている気持ちを無視してしまうことになるんですね。すると、男性はあなたとの結婚を考えられない……という気持ちになってしまうのです。

だからこそ、結婚したいと願うときは、「男性の本気の覚悟」までも受け止めるという決意をしてみてください。

相手がどれくらい人生を捧げてくれようとしているのか。相手がどれだけ、今までのすべてを捨ててまであなたに賭けようとしてくれているのか。こうして男性の「本気」を理解できるようになると、男性はあなたとの愛をより真剣に育めるようになります。

男性が普段見せないような重さを潜在意識でしっかりと受け止めることができてこそ、結婚の準備を本当の意味で整えることができるのです。

ワーク：あなたに対する真剣な愛を受け止める覚悟をする

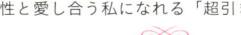

セックスへの抵抗を許し、肉体レベルで愛を受け入れる

愛する人を抱きしめ、愛を伝えることは素晴らしいことです。抱きしめられる喜びを感じていいし、キスされる幸せを感じていていいし、やさしく丁寧に体に触れられていい……と言われたとしたら、抵抗がある人もいるかもしれません。

本来、愛し合うということは、言葉だけではなく、「肉体を使って相手と愛を伝え合う」ということも含まれます。しかし、なぜか快楽を感じてはいけない、心地良さばかり感じることは怠惰なことだ、肉体の感覚に溺れるのは崇高ではない……などの価値観を植えつけられている人が少なくありません。

それは、性を売り物にすることへの嫌悪や、不適切な相手と関わってしまえば自分を傷つけてしまうという不安があるからです。その嫌悪や心配はあっていいものですよね。けれど、結婚を考えるような相手と誠実な気持ちでぬくもりを伝え合うことは、決していけないことではありません。

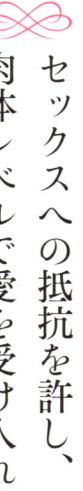

母親が愛しい子供を抱きしめ、言葉ではなく温もりで「あなたの存在が大切よ」と伝えるように、あなたもまた、たった一人の愛する人に出会ったとしたら、その人から抱きしめられ、抱きしめる……こういう愛を育んでいいんですね。

将来、あなたが愛する人と一途にこうした愛を育むために、あなた自身が自分の肉体を嫌ったり、否定するのではなく、今から大切にしてあげてください。

マッサージを受けてリラックスしたり、寝転がって抱き枕を抱いて気持ちよく過ごしたり、自分で自分の肉体にやさしく丁寧に触れる……こうして「体が楽に心地よくなること」に慣れていきましょう。将来、あなたが愛するパートナーがあなたの肉体を愛するときのために、自分をたくさんケアし、綺麗にしてあげる。こんなふうに、肉体を神聖なものとして扱うことで、温かく抱きしめ合える愛を得ることができます。

あなたの肉体はもう、あなた一人のものではないのです。

ワーク：彼に愛してもらう肉体を大切にする

「見捨てられるかもしれない」という不安を癒す

過去、これまで人を一生懸命愛し、でも叶わずに破れてきた……。苦しい恋愛ばかりをしていると、私たちは「またああなるんじゃないか」という気持ちでいっぱいになることがあります。その結果、恐怖でなかなか前に進めず、もどかしい思いをするかもしれません。

でも、実はこの恐れは、あなたにとって悪いものではないんですね。過去、あまりにも傷ついたことがあると、潜在意識はあなたを守るために「最初から恋愛を拒絶するように」なります。

つまり、あなたがもう二度と人を愛して傷つき絶望しないように、だったら最初から出会わないようにしよう……と、あなたを守りたいがゆえに決めてしまうんですね。

こんなとき、無理にこの恐怖を無視しようとしたり、過去から目を背けるのは逆効果です。この恐怖を超えていくためには、しっかりと過去と向き合い、「あのとき失敗してしまったことをどう正せばいいのか？・」を考えてみることが大切なんですね。

あなたの中には、「もっと彼を大切にすればよかった」という後悔があるかもしれません。それを受け止めながら、「今度こそ、彼を大切にする」ということをイメージしてみます。

「もっと甘えていればよかったな」という後悔があるときは、「もっと自分がしたかったように甘える」ということをイメージしてみます。「もっとやさしくすれば」「もっと自立していれば」「もっと助けを求めていれば」こう思うたびに、「実際にそれをやってみているイメージ」をくり返してみましょう。

これは、一方的に別れを切り出されたという痛みにも有効です。

あのときは無力で、見捨てられてしまったかもしれない。でも、今度こそ、私は「無力ではない、さまざまなことを協力できる自分になって、相手に愛を与え、共に歩んでいくことができる」。

それを感じながら、「協力しながら愛する人と歩んでいる姿」を充分にイメージしてみてください。

こうすることで、潜在意識は「こんなふうに変われた私には、もう苦しいことは起きない」と、ようやく自分を信頼することができるようになるんですね。

そして、自分を信頼できれば、「もう大丈夫だよ、私は愛されていい存在だね」というように、愛を自然に招き入れてくれるようになります。そしてさらに、「過去の失敗を乗り越えた、愛を学んだ私」にふさわしい、愛にあふれた男性を引き寄せてくれるようになります。

辛い過去を省みるということ……それは、とても怖いことで、辛い作業になるかもしれません。けれど、そこで勇気を出して一歩を踏み出せたとき、あなたの潜在意識は今までとは比べものにならないほど劇的な変化を遂げ、「今まで得られなかった」心震えるような未来をプレゼントしてくれるでしょう。

ワーク：過去の恋愛の失敗をやり直す、新しいイメージをもつ

愛する人を大切にする最高の方法

これまでたくさんの項目を通じて、自分自身に対して許可を出したり、今までと違う視点をもてるようになったと思います。ここまで一緒にご自身と真剣に向き合ってくださり、ありがとうございました。

そして実は……こうして自分を許すステップをくり返しているだけで、何より「愛する人を大切にする最高の方法」が身についてきたことに気づいていますか？

なぜなら、もうあなたは、制限を与えられることによって自分がどれだけ苦しかったのか、それを理解できています。その外し方も……。もしそれを「誰かが言ってくれたとしたら」とてもうれしいとは思いませんか？

男性も、こうして制限を外してくれる女性を待っているのです。

今までの人生、とてもとても苦しくて辛かった。ずっと我慢してきたからこそ、「もう我慢しなくていい」と言ってもらえることの尊さを理解することができる。そして、我慢して犠牲になっている男性がいれば「もう我慢しなくていいよ」と伝え、彼を解放することができる。

誰も評価してくれなかった。だから、たった一言でもほめてくれる人がいたとき、どれだけ救われるかが分かる。だからこそ、自分のことを過小評価している男性がいれば、その男性の孤独と痛みを理解しながら、「もっと自信をもって大丈夫」と慈しみ、勇気を与えることができる。

こんなふうに自分を解放することによって……いつのまにか「許しという愛」を他者に自然に与えられる女神になっていたのです。

改めて、こう口に出して自分自身を誇りに思ってみてください。

「私はその人の辛さを理解することができるし、その人の辛さに寄り添うことができる」
「私はその人がどうしたらもっと自由になれるかを知っているし、そして、実際にそれを『もうやっていいんだよ』と伝えることができる」
「私は人がどれくらい自分の可能性を自分で閉ざしながら生きてきたか理解できるし、そ

してあなたにも本当は素晴らしい可能性があることを知っている」


あなたの中の、たくさんの「与えられる愛」。

こんなふうに心から共感してくれ、自分を解放してくれる女性はそうそういるものではありません。

しかし、今その価値があなたにはあります。人生でこんな女性と一緒にいられたら、どれほど心が楽になるだろう。どれほど、楽しく素晴らしく美しく想い合いながら生きていくことができるだろう……。

あなたには、こんなふうに恋い焦がれられる存在です。


だから、もう一度、こう口にしてみてください。

「私は男性を大切に愛し、解放することができる、愛されて当然の女性です」

ワーク：自分で自分に許したことを、他人に与える

おわりに

愛の世界で生きることを選ぼう

今、この書籍を手にしてくださったあなたが、幸せいっぱいの花嫁になって、笑顔でヴァージンロードを歩いている姿を私はありありとイメージすることができます。

今まで辛いこともたくさんあったあなたは、それでも挫けずに、「人を愛する人生を歩みたい」そう決意してこの本を手にとってくださったことでしょう。

その強さと美しさが光り輝き、この世界にたった一人の、あなただけを愛してくれるパートナーと幸せになっている……。あなたは本来、こんなふうに幸せになって当然の人です。

こうして自分を変えようとしているあなたも、ときには、自分を信じられなくなるかもしれません。

もしもそんなときは、制限を外した女性たちがいる世界を信じてください。

クライアントのみなさんは、あなたと同じように苦しんできました。

でも、今、誰よりも彼女たちを愛してくれるパートナーと幸せな家庭をもっています。
今この瞬間、あなたがそんな世界があることが信じられたら、彼女たちが体験した奇跡はあなたのものになります。

最後に、私が絶望の最中にいるとき、尊敬する人がくれた言葉をあなたに捧げます。

「目を閉じれば、暗闇に包まれてしまう。だからこそ、しっかりと目を開いて」

泣きながらでも自分の人生を変えようとしたあなたは、誰より美しい。
今この瞬間、愛される価値ある素晴らしい女性です。
あなたは幸せこそがふさわしい人だということを、私は強く強く、ここで信じています。

「愛《あい》されて当然《とうぜん》」と思《おも》うだけで、
自分史上最高《じぶんしじょうさいこう》の彼《かれ》がやってくる。

2016年 4月20日　初版発行
2017年 4月11日　7刷発行

著　者……斎藤芳乃《さいとうよしの》
発行者……大和謙二
発行所……株式会社大和出版
東京都文京区音羽1-26-11　〒112-0013
電話　営業部03-5978-8121／編集部03-5978-8131
http://www.daiwashuppan.com
印刷所……誠宏印刷株式会社
製本所……ナショナル製本協同組合
装幀家……白畠かおり

ISBN978-4-8047-0517-0